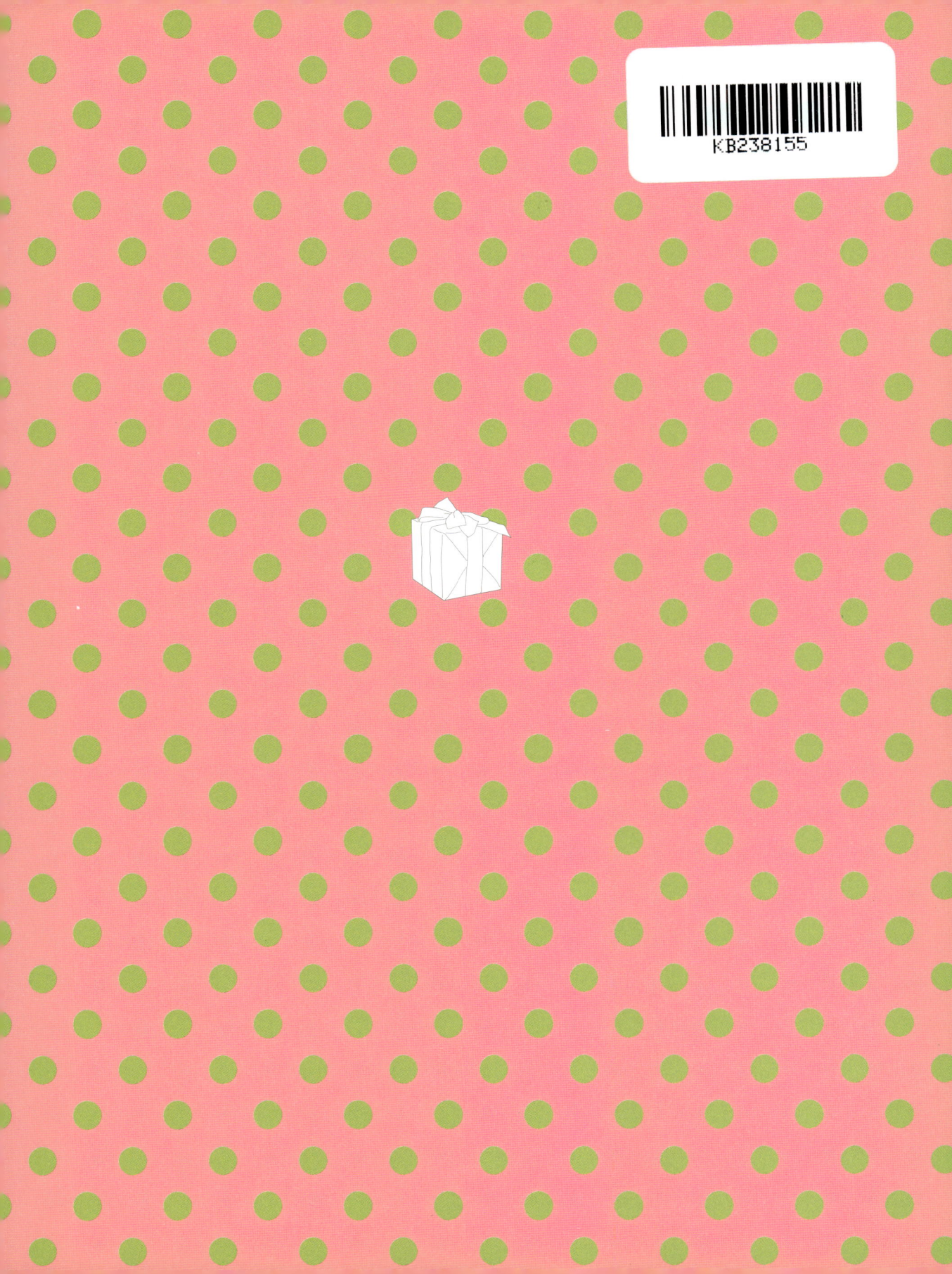

사랑을 담아 전하는 예쁜 선물 포장하기

Gift Wrapping

Gift Wrapping

사랑을 담아 전하는

예쁜 선물 포장하기

Gift Wrapping

예쁜 선물 포장하기 *Gift Wrapping*

초판 인쇄일 _ 2008년 11월 18일

초판 발행일 _ 2008년 11월 25일

발행인 _ 박정모

발행처 _ 도서출판 혜지원

주소 _ 서울시 동대문구 장안 1동 420-3호

전화 _ 영업부 02)2212-1227, 2213-1227 편집부 02)2249-7975 **팩스** _ 02)2247-1227

홈페이지 _ http://www.hyejiwon.co.kr

지은이 _ 천후이시엔, 우펑시아

기획 _ 이영희, 유신향

교정, 교열 _ 송유선

디자인, 본문편집 _ 지미숙

표지디자인 _ 지미숙

영업마케팅 _ 김남권, 황대일, 고광수, 서지영

ISBN _ 978-89-8379-585-4

정가 _ 7,800원

사랑을 담아 전하는
예쁜 선물 포장하기
Gift Wrapping

혜지원

Preface | 머리말

● 멋진 선물로 기념일을 더욱 뜻깊게

달력이 한 장 한 장 넘어갈 때마다 많은 기념일도 함께 흘러갑니다. 어떤 사람들은 새로운 달이 시작될 때마다 이번 달에는 어떤 특별한 일이 있는지 표시하며 즐겁게 그날을 기다립니다.

세심하고 지혜로운 사람들은 기념일에 앞서 미리 적당한 선물을 고르고 정성스럽게 포장한 후 자신의 진심을 전하기 위해 준비합니다.

또 선물은 명절의 분위기를 한층 더 띄워줍니다. 결혼식, 설날, 돌잔치와 같은 중요한 기념일과 명절 등 모두가 함께하는 즐거운 날, 모인 이들의 얼굴에는 기쁨이 가득합니다. 이런 특별한 날에 건네는 선물에는 당연히 기쁨을 더할 수 있는 포장이 필요합니다.

포장을 할 때는 다음과 같은 점에 유의합니다.

먼저 첫 번째로 어떤 스타일의 포장을 할 것인지 생각한 후에 포장 재료를 골라야 합니다. 부드러운 실크 망사 포장지는 몽환적인 분위기를, 딱딱한 골판지는 노련하고 모던한 분위기를 풍깁니다.

두 번째, 선물을 받는 사람의 성격과 기호를 파악합니다. 포장을 시작할 때 선물받는 상대가 좋아하는 색은 무엇인지, 너무 과장된 스타일은 아닌지 곰곰이 생각해 보십시오. 왜냐하면 선물을 받을 사람의 기호가 포장스타일을 결정하기 때문입니다. 포장을 할 때 흔히 사람들은 자신의 기호에 따라 포장지의 색과 무늬, 디자인을 택합니다. 그러나 이 때문에 종종 녹색을 좋아하는 사람에게 그 사람이 가장 싫어하는 색인 분홍색으로 선물을 포장하는 실수를 범하게 되기도 합니다.

세 번째, 부재료를 적극적으로 활용합니다. 포장을 다 마친 후 작은 선물을 포장지 위에 덧붙인다면 어린이에게는 색다른 재미를 가져다 줄 것이며, 어른들에게는 아주 특별한 선물이 될 것입니다. 여성에게 줄 만한 작은 선물로는 머리핀, 브로치, 향수, 작은 주방용품이나 향주머니 등이 있고, 남성에게 줄 만한 것으로는 오프너, 손목보호대, 작은 노트 등이 있습니다.

마지막으로 반드시 친필로 카드를 씁니다. 진심을 표현하는 몇 마디 말이 당신의 간단한 서명보다 더 감동을 전해준다는 사실을 기억합시다. 축하의 말을 책갈피 또는 메모지에 써서 선물과 함께 상자에 넣어 포장하면 더욱 좋습니다.

Gift Wrapping

선물포장의 기본재료

포장지

포장지는 선물 포장에서 없어서는 안 되는 재료 중의 하나로 그 종류가 매우 다양합니다.

｜ 비닐 재질 포장지 : 비닐 질감의 포장지는 가장 일반적이고 자주 사용되는 포장지로 방습효과가 있어 여러 용도의 포장에 모두 적합하다. 비닐 포장지는 가격이 저렴하며, 무늬가 있거나 반투명, 투명, 무색 등등 여러 종류가 있어 분재나 꽃과 같이 선물을 드러내는 포장에 사용할 수 있다.

｜ 종이 재질 포장지 : 종이 재질에는 무늬가 인쇄된 포장지, 한지, 주름지, 골판지, 염색지 등이 있다. 종이 포장지는 부드러운 질감으로 자연스러운 주름을 만들어 선물을 더욱 단정하고 우아하며 품위 있게 만들 수 있다.

｜ 망사 재질 포장지 : 망사 재질 포장지는 입체감을 줄 때 주로 사용한다. 망사 재질 포장지는 단아한 색상에 재질이 유연하여 몽환적인 분위기를 더해준다.

｜ 마 재질 포장지 : 새로운 포장지의 하나이다. 질감이 부드러운 것과 딱딱한 것이 있다. 개성 있는 포장이나 형태가 불규칙한 선물의 포장에 적합하다. 특수한 형태와 질감의 마 재질 포장지는 개성있는 미적 감각과 아이디어를 제공한다.

It's a present for you!

- -

포장지를 선택할 때는 먼저 구체적으로 명절과 계절, 선물을 받는 사람의 성격과 기호, 나이, 일, 생활방식, 선물을 하는 이유 등을 고려해야 합니다. 그리고 선물상자의 크기와 재질 역시 포장지를 고르는데 고려해야 할 중요한 요소입니다. 예를 들어 밸런타인데이에 연인에게 선물을 할 때는 장미나 하트그림이 있는 포장지를 사용하면 좋고 크리스마스에는 은색, 노란색, 빨간색을 기본 색상으로 하면 좋습니다. 이 책에서 소개한 포장지 외에도 여러 가지가 시판되고 있으므로 활용해 보는 것도 좋을 것입니다.

🎀 리본

| 끈 리본 : 인조실이나 마 등을 가공하여 짠 것이다. 주로 끈 모양으로 되어있으며 사이에 금색 실이나 다른 재료가 섞여 있는 종류도 있다.

| 공단 리본 : 주로 양면으로 된 것이 많으며, 부드러운 재질에 광택이 있다. 간단하고 자유롭게 포장할 수 있으며 선물을 더욱 참신하고 돋보이게 한다.

| 종이 리본 : 비교적 굵은 리본으로 두툼하지만 자유롭게 이용할 수 있다. 일부 종이리본은 물에 접촉해서는 안 된다.

| 비닐 리본 : 가장 일반적이고 가격도 저렴해 가장 널리 쓰이는 리본이다. 단면 혹은 양면으로 인쇄된 것도 있다. 접은 흔적이 남는다는 것이 단점이다.

| 오간디 리본 : 일종의 인조 망사 리본이다. 부드럽고 투명하다는 특징이 있어 주로 선물포장에 몽환적이고 신비한 느낌을 줄 때 사용된다. (만약 준비한 리본의 색이 선명하지 못하다면 두, 세 겹으로 겹쳐서 사용한다.)

🎀 **어떤 리본을 선택하는 것이 좋을까?**

    리본의 선택은 선물상자의 질감에 따라 달라집니다. 질감이 부드럽고 광택이 있는 것이라면 공단리본을, 반대로 거친 느낌의 상자에는 종이재질의 리본을 사용하는 것이 좋습니다.

    만약 선물을 받는 사람이 노인이라면 부드럽고 화려한 느낌의 리본을, 중년에게는 단아한 색상의 오간디 리본이나 선물 받는 이의 기호에 따라 선택합니다. 어린이에게는 체크무늬나 그림이 인쇄된 리본이 적절합니다.

    리본은 선물포장에 중요한 요소로 잘 사용하기만 하면 화룡점정의 효과를 가져올 수 있습니다.

● 선물포장의 필수도구

꽃, 금속장식, 축하카드, 진주, 유리구슬, 장난감, 풀 등 일상생활에서 볼 수 있는 물건들이지만 멋진 구상을 통해 예상치 못했던 효과를 불러일으킬 수 있습니다. 주변의 사물에 조금 더 관심을 가지면 포장에 잘 어울리는 작은 소품들을 발견할 수 있을 것입니다.

다음의 도구는 선물포장에 있어 꼭 필요한 것들입니다.

딱풀 : 포장할 때 쓰는 풀은 딱풀이어야 한다. 액체풀을 사용하게 되면 포장지가 쭈글쭈글해져 전체 포장에까지 영향을 준다. 딱풀의 뚜껑을 열어둔 채 보관하면 쉽게 마르기 때문에 쓰지 않을 때는 꼭 뚜껑을 닫아둔다.

테이프 : 자주 쓰는 것으로 투명테이프와 양면테이프가 있다. 양면테이프는 양면을 고정시키므로 편리하게 쓸 수 있고 흔적이 남지 않아 포장에 더 효과적이다.

가위 : 가위는 포장지와 리본을 자를 때 쓰는 일반적인 도구다. 사용 시 안전에 유의한다. 리본을 자를 때는 반드시 날이 잘 선 것으로 준비해 리본의 올이 풀리지 않게 깔끔하게 잘라야 리본을 오래 쓸 수 있다.

핑킹가위 : 핑킹가위는 포장지나 리본의 특정부분을 자를 때 쓰는 도구이다. 가윗날이 톱날처럼 생겨 자르면 톱날 무늬가 만들어진다. 포장지의 끝을 잘라 꾸밀 때 사용한다.

문구용 칼 : 가위로 자른 부분을 깔끔하게 정리할 때 문구용 칼을 쓰면 좋다. 다만 칼날이 무디어졌을 때는 오히려 지저분하게 잘린다는 것에 주의하자.

자 : 정확하게 재고 자르기 위해서는 자가 꼭 필요하다. 자의 길이는 크게 상관없지만 30cm 정도면 충분하다.

펀치 : 포장지나 리본에 작은 구멍을 낼 때 사용한다. 구멍에 리본을 매거나 장식을 달면 포장을 한층 돋보이게 한다.

Contents |차례

Gift Wrapping

Gift Wrapping

떡

설날 선물
포장하기 01

힘들고 바쁘게 한 해를 보냈습니다. 이제 모든 일을 잠시 놓고 신나게 즐겨봅시다. 또 온 가족과 함께 꽃을 감상하고 차를 마시고 거리를 구경하며 가족과 친구, 친척에게 새해 인사와 축복의 말을 전합시다. 이렇게 축복하는 마음이 포장에도 반드시 나타나야 합니다.

Gift

Wrapping

떡

반짝이는 포장지로 새해를 장식해요.

한 해를 시작하는 특별한 날이므로 금색과 은색으로 화려하게 장식해봅시다. 정월에 친척과 친구를 방문할 때 선물하면 더욱 뜻깊을 것입니다.

How · To · Wrap

1 재료와 도구 : 개별 포장된 떡, 인형, 포장지, 가위, 포장용 끈

2 상자를 포장지 중앙에 두고 포장지의 긴 쪽과 상자의 긴 쪽을 정확하게 일치시킨다.

3 선물 상자를 다 싼 후 좌우 양끝에서 포장지를 상자 중심으로 모아 올린다.

4 포장용 끈으로 모은 포장지를 단단하게 묶은 뒤에 포장지를 펴서 꽃 모양으로 만든다.

5 리본으로 상자의 모서리를 서로 교차시키면서 십자로 묶는다.

6 마지막으로 포장지 아래쪽에 리본을 매어 준다.

7 글루건으로 작은 인형을 포장지 위에 붙이면 행복한 새해 선물 완성!

다류 세트

설날 선물 포장하기 02

How · To · Wrap

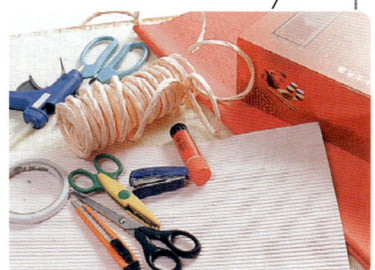

1 재료와 도구 : 찻잎, 리본, 글루
  건, 가위, 문구용 칼, 고체풀, 양
  면테이프, 포장지, 종이끈

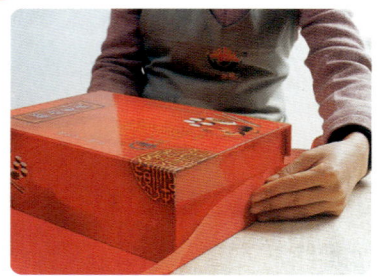

2 선물상자의 크기에 맞게 포장지
  를 자른다.

3 포장지의 짧은 면에 양면테이프
  를 이용해서 포장지를 붙인다.

다류 세트

| 어르신들에게 가장 좋은 선물

　　사각형의 상자는 포장하기 쉽습니다. 상자 포장을 할 때는 위, 아래 8개의 모서리를 깔끔하게 처리해야 합니다.

4 포장지의 다른 한 쪽에 양면테이 프를 붙인다.

5 5cm폭의 골판지를 자른다.

6 사진처럼 양면테이프를 붙인 포장 지를 상자에 덮은 후 그 윗면에 양면테이프 두 줄을 교차하여 붙인다.

7 사진처럼 골지를 교차시킨 양면 테이프 위에 붙인다.

8 종이끈을 펼친다.

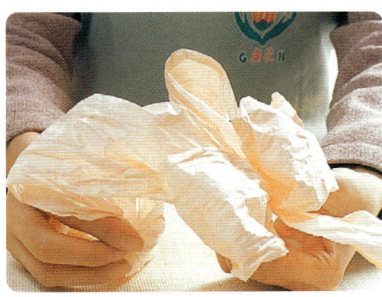

9 종이끈으로 나비 보우를 만들어 두 골지의 교차점에 고정한다.

10 양면테이프를 상자 둘레에 붙인다.

11 금색 리본을 양면테이프 위에 붙 인다.

특산품

설날 선물
포장하기
03

How · To · Wrap ✂

_1_ 재료와 도구 : 특산품, 장식품,
　　포장지, 문구용 칼, 가위, 양면테
　이프

_2_ 한 면만 인쇄된 포장지를 반으
　　로 접고 양면테이프로 붙여 양
　면 모두 무늬가 있도록 만든다.

_3_ 선물상자의 크기에 맞게 포장지
　　를 자른다.

특산품 | 종이가방을 만들면 한층 더 고급스러워집니다.

붉은색 종이와 빛나는 황금색을 함께 사용하면 전체적인 포장이 더욱 고급스럽고 멋있어집니다. 이처럼 포장지의 색깔 배합은 매우 중요합니다. 적절한 색상과 질감의 포장지를 선택하는 것은 작품이 점수를 얻는 첫 번째 요소입니다.

4 포장지를 간단한 종이가방으로 만든다.

5 선물의 크기에 맞게 종이가방의 높이를 맞춘다.

6 종이가방 폭의 절반 정도인 황금색(종이가방과 대비되는 색상)띠를 준비한다.

7 사진처럼 황금색 포장지를 종이가방 중간에 붙이고 종이가방 입구에서 안으로 접는다.

8 입구 3cm부분에 10cm × 10cm 크기의 사각형 구멍을 내고 손잡이로 사용한다.

9 특산품을 종이가방에 넣는다.

10 양면테이프로 장식품을 손잡이 아래에 붙인다.

11 반대편 역시 장식품을 붙인다. 대비되는 색으로 포장을 하면 더욱 눈에 띄고 생동감이 넘친다.

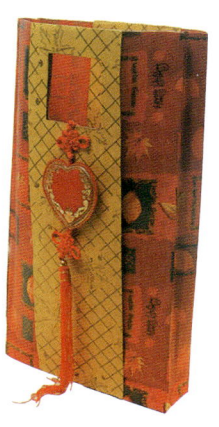

쿠키

쿠키 | 궁금증을 불러일으키는 포장

　간단한 포장으로 예상치 못한 효과를 거둘 수 있습니다. 만약 아래처럼 스카프로 쿠키를 포장한다면 깔끔하면서도 멋진 분위기를 풍길 수 있습니다. 선물을 받는 사람은 이것이 무엇인지 궁금해 하면서 빨리 열어보고 싶어할 것입니다.

How · To · Wrap

1 재료 : 쿠키, 스카프, 리본

2 선물을 스카프의 대각선 중심에 둔다.

3 마주보는 스카프 양끝을 잡고 중간에서 묶는다.

4 양쪽 끝을 각각 묶어 준다.

5 리본으로 상자를 일자로 묶어 준다.

6 마지막으로 스카프의 네 모서리가 교차하는 지점에 리본을 묶는다.

새해 꽃다발

붉은 꽃과 붉은 포장지의 조화

빨강을 주된 색으로 하는 꽃다발은 다홍색 포장지와 어울리며 사람들에게 봄기운과 따스함을 느끼게 합니다.

How · To · Wrap

1 재료와 도구 : 분홍색 장미, 작은 백합, 망사 포장지, 장식품, 포장지, 가위, 리본

2 장미와 백합의 잎을 자르고 깨끗하게 정리한다.

3 나선모양으로 장미와 백합을 하나로 묶어서 반구형의 꽃다발을 만든다.

4 꽃대 끝 부분을 15cm만 남기고 자른 후 꽃다발을 단단히 묶어준다.

5 꽃다발의 크기에 맞게 망사 포장지를 자른다.

6 망사 포장지로 꽃다발을 장식한다.

7 비닐 포장지로 꽃다발의 아랫부분을 잘 묶어서 수분을 유지하게 한다.

8 포장지로 다시 한 번 꽃다발의 아랫부분을 감싼다. 그리고 나비 보우를 만들면 완성.

향수

밸런타인 데이
선물 포장하기

01

Gift

Wrapping

오랫동안 짝사랑을 했던 사람은 고백을 결심하고, 달콤한 두 연인은 선물로 더욱 로맨틱한 분위기를 만듭니다. 이처럼 밸런타인 데이는 우리가 사랑을 표현할 수 있는 날입니다. 상대방은 하트모양의 포장에서 가장 먼저 당신의 마음을 이해하게 될 것입니다. 화려하고 아름다운 장미, 달콤함이 가득한 초콜릿을 누가 사랑의 상징이 아니라고 할까요.

향수 | 보라색의 몽환적인 느낌

향수는 복잡하게 포장할 필요가 없습니다. 리본을 묶을 때 조심스럽게 주름을 만들면 풍부한 입체감을 낼 수 있습니다.

How · To · Wrap

1 재료와 도구 : 초핑, 포장지, 향수, 작은 인형, 문구용 칼, 가위, 양면테이프, 글루건, 리본

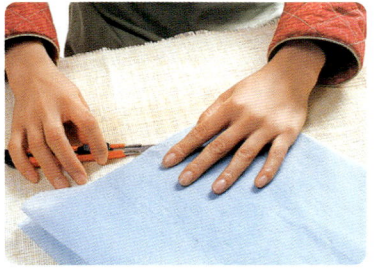

2 선물의 크기에 맞게 포장지를 자른다.

3 같은 색 계열의 포장지를 교차하여 겹친 후 향수를 포장지 중간에 놓는다.

4 향수병의 입구에 초핑을 감는다.

5 향수병 목 부분을 따라 왼쪽에서 오른쪽으로 주름을 잡으면서 포장지를 위로 올려 향수를 포장한다.

6 리본으로 향수병 입구를 묶고 포장지를 고정한다.

7 초핑을 넣고 리본으로 고정시킨다.

8 리본으로 묶는다.

9 손으로 포장지를 정리하고 긴 띠로 찢어서 자연스럽게 내린다. 글루건으로 인형을 고정시킨다.

반지

밸런타인 데이
선물 포장하기

02

How·To·Wrap

1 재료와 도구 : 선물할 반지, 초콜
릿, 글루건, 포장지, 리본, 작은 장
식품, 가위

2 초콜릿 상자의 크기에 맞게 포장지
를 자른다.

반지

사랑을 이어주는 반지 – 큰 선물과 함께 포장하기

반지처럼 작은 선물은 어떻게 포장을 해야 할지 고민되는 것이 사실입니다. 그렇다면 변화를 주어 포장하는 것은 어떨까요? 좀 큰 '보조' 선물과 함께 포장한다면 예상치 못한 감동을 전해줄 것입니다.

3 초콜릿을 포장지 가운데에 두고 균일하게 주름을 잡으면서 포장지를 올린다.

4 남은 부분의 포장지는 중심에서 묶어 준다.

5 리본을 이용해서 단단하게 묶어준 후 포장지를 자연스럽게 벌리면서 꽃 모양을 만든다.

6 글루건을 이용해서 크리스털 장식품을 포장지의 교차점에 붙인다.

7 사진처럼 반지를 선물상자 위에 고정시키고 반지가 보이게 열어둔다.

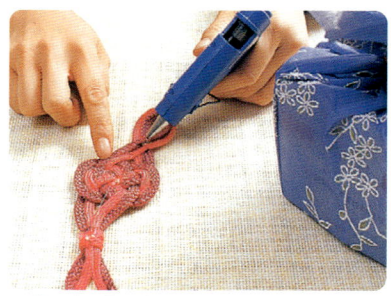

8 매듭을 반지 양 옆에 붙인다.

9 마지막으로 리본으로 만든 꽃을 상자에 붙인다.

장미 꽃다발
03
밸런타인 데이
선물 포장하기

장미
꽃다발

하트모양으로 만들어 달콤한 사랑을 전해요.

사랑을 고백할 때 어떤 말을 해야 할지 모르겠다면, 장미로 당신의 마음을 표현해보세요. 포장지의 색상과 무늬가 화려하다면 리본은 단순한 것으로 하는 것이 포인트랍니다.

How · To · Wrap

1 재료와 도구 : 포장지, 리본, 붉은 장미, 풍선박주가리, 스타티스, 천문동, 팔손이

2 나선모양으로 붉은 장미를 부채꼴로 모은다.

3 부채꼴 꽃다발 주변에 천문동을 두른다.

4 꽃다발의 주변에 스타티스를 골고루 합친다.

5 꽃다발의 아랫부분에 팔손이와 풍선박주가리를 더한다.

6 비닐 포장지로 꽃다발의 아랫부분을 잘 감싸고 황금색으로 바탕을 싼다. 이때 포장지의 모양에 주의해야 한다.

7 리본으로 포장지를 잘 묶는다.

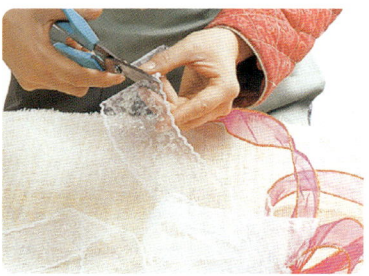

8 붉은색과 흰색 리본으로 나비보우를 만들어 포장지에 붙이면 완성.

목도리

밸런타인 데이
선물 포장하기

04

How·To·Wrap

1 재료와 도구 : 포장지, 리본, 작은
   종, 양면테이프, 구리선, 가위, 문구
용 칼, 목도리, 물망초

2 우선 목도리를 둥글게 말아서 원통
   형으로 만든다.

목도리

리본으로 포인트를 주어요.

목도리는 상자에 포장을 하거나 두꺼운 포장지로 포장을 하는 것이 좋습니다. 포장이 너무 간단하다고 느껴진다면 리본을 이용해서 포인트를 줄 수도 있습니다.

3 스카프의 크기에 맞게 포장지를 자른다.

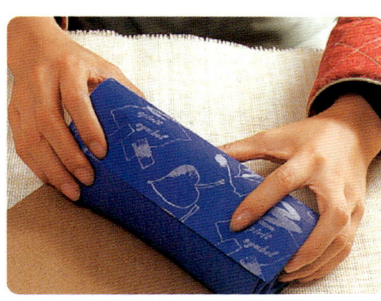

4 포장지로 스카프를 감아준다.

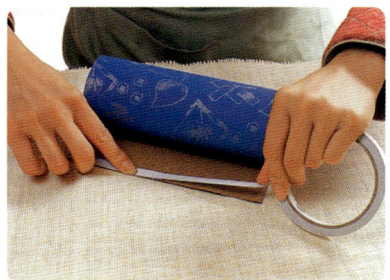

5 포장지의 끝 부분과 몸통을 양면 테이프로 연결한다.

6 말아놓은 원통의 한쪽 끝을 리본으로 한번 감아준 후 십자로 교차시키고 리본을 묶는다.

7 사진처럼 손으로 교차점을 잡고 리본을 위에서 아래로 한번 돌려준다.

8 선물의 윗부분에 리본을 십자로 교차시킨 후 다시 한 바퀴 돌려서 교차점으로 돌아온다.

9 교차되는 부분에 리본을 맨 후 리본의 끝을 뾰족하게 자른다. 선물의 한쪽 끝에 글루건으로 작은 종을 달아주면 완성.

MP3

MP3

골판지로 포장을 하면 모던함이 느껴집니다.

MP3와 휴대전화 같은 전자제품은 이미 상자에 들어있지만 상대방에게 뜻밖의 즐거움을 선사할 수 있도록 포장에 신경을 써야 합니다.

How · To · Wrap

1 재료와 도구 : 조화, 골판지 포장지, 양면테이프, 망사포장지, 글루건, 구리선, 가위

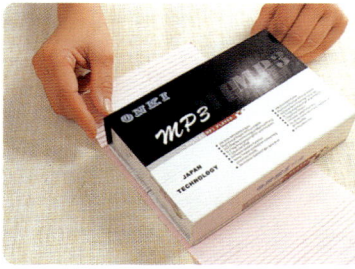

2 선물 길이의 2/3 정도 되는 폭의 골판지 포장지를 준비한다.

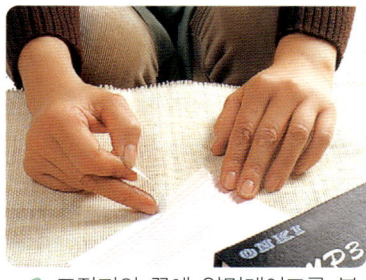

3 포장지의 끝에 양면테이프를 붙인다.

4 사진처럼 포장지로 선물을 한번 돌려 감은 후 포장지의 끝과 선물의 모서리가 딱 맞도록 포장한다.

5 선물길이의 1/4정도 되는 포장지를 잘라서 사진처럼 선물의 중간에 고정시킨다.

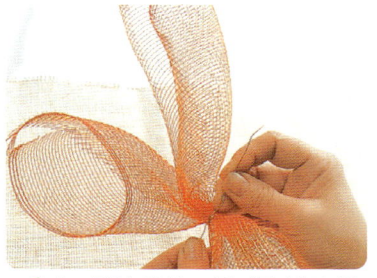

6 6cm폭의 망사 포장지를 잘라 중간을 묶어 준다.

7 글루건으로 6번을 선물에 고정시킨다.

8 망사포장을 정리한 후 자연스럽게 보이도록 조화를 위에 붙여주면 완성.

5월 8일은 어버이날입니다. 어버이날 부모님께 카네이션을 선물하는 것은 이미 습관처럼 되어버렸습니다. 좀더 정성을 담아 직접 꽃다발을 만들어 드리면 어떨까요? 푸른 꽃대 위에 피어있는 아름다운 카네이션은 꽃잎이 촘촘히 모여 있어 잘 떨어지지 않고 잎사귀가 가늘고 길기 때문에 잘 굽지 않습니다. 또 꽃잎은 풍성하고 그 모습은 단아합니다. 어쩌면 카네이션은 바로 참된 부모의 사랑을 나타내고 있는 것이 아닐까요?

카네이션 꽃다발
01
어버이날 선물
포장하기

카네이션 꽃다발

부드러운 색상으로 부모님의 온화한 사랑을 표현합니다.

가능하면 우아한 내면을 표현할 수 있는 포장지를 선택합니다. 간단하게 포장을 할 때에는 리본으로 장식합니다.

How · To · Wrap

1 재료와 도구 : 다홍색 카네이션, 사토벚나무, 포장용 끈, 포장지, 가위, 리본

2 카네이션을 정리하여 반구형 꽃다발로 만든다.

3 꽃다발의 주변을 사토벚나무로 감싼다.

4 꽃대를 정리하고 긴 부분을 잘라낸다.

5 비닐 포장지로 꽃다발의 아랫부분을 감싼다.

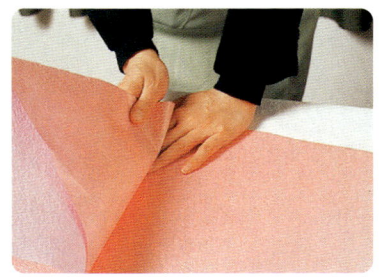

6 포장지를 그림처럼 반으로 접어 고깔 형태로 만든다.

7 접어놓은 포장지로 꽃다발 주변을 둘러싼다.

8 포장용 끈을 펼쳐서 리본을 만든 후 포장지 위에 묶으면 완성.

옷

어버이날 선물
포장하기

02

옷

| 부모님이 좋아하시는 색으로 포장을 해보세요.

어버이날에 부모님께 예쁘고 멋진 옷을 선물하는 경우가 많습니다. 감사한 마음
과 정성을 담아 포장을 해봅시다. 금색과 붉은색의 리본을 사용해 따뜻한 분위기를
나타내도 좋을 것입니다.

Gift Wrapping

1 재료와 도구 : 옷, 골판지 포
장지, 리본, 양면테이프, 문구
용 칼, 가위

2 옷을 잘 정리하고 옷 크기에
맞게 포장지를 자른다.

3 옷을 포장지 중심에 두고 그
림처럼 포장지를 접어서 싼다.

4 리본으로 옷을 일자로 묶는다.

5 선물의 두 배 정도의 길이를
골판지 포장지에 표시한다.

6 골판지 포장지를 자른다.

7 골판지로 선물을 한 번 싼다.
이때 포장지의 끝 부분을 눈
에 잘 띄지 않도록 양면테이프로
붙인다.

8 선물의 양 끝부분에 양면테
이프를 붙이고 붉은색과 금
색 리본을 붙인다.

9 붉은색, 금색 리본을 겹쳐서
선물에 길게 한번 둘러준다.

10 사진처럼 리본을 교차시킨
후 다시 한 번 짧은 쪽을 둘
러준다.

11 리본을 묶고 끝을 정리한다.

화장품

어버이날 선물
포장하기
03

화장품

생동감 있는 포장이 부모님을 훨씬 젊어지게 할 것입니다.

우리가 생각하는 것보다 부모님의 마음은 훨씬 청춘이십니다. 다만 겉으로 꾸미지 않으실 뿐이지요. 화장품을 선물해드리는 것은 어떨까요?

How · To · Wrap

1 재료와 도구 : 화장품, 조화, 리본, 포장지, 가위, 글루건

2 선물의 크기에 맞게 포장지를 자른다.

3 포장지의 끝 부분에 양면테이프를 붙이고 선물의 모서리와 맞물리도록 포장한다.

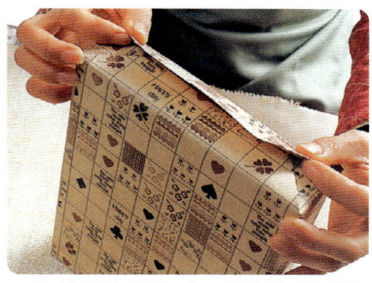

4 측면의 포장지는 안으로 접어서 고정시킨다.

5 미리 폭 2cm의 붉은 띠를 준비한다. 그리고 사진처럼 붉은 포장 띠를 선물 양 끝에 붙인다.

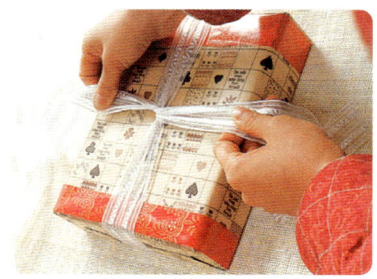

6 리본으로 상자를 한 바퀴 감은 후 십자로 교차하여 다시 짧은 부분을 감아준다.

7 리본을 묶은 후 끝을 뾰족하게 정리한다.

8 글루건으로 노란색 조화를 선물에 붙인다.

9 다시 붉은 색의 조화를 고정시킨다. 마지막으로 조금 더 장식하고 정리하면 완성.

영양제
어버이날 선물
포장하기
04

영양제

자연스러운 무늬의 포장지는 편안한 느낌을 줍니다.

리본은 예쁜 꽃다발을 묶을 때도 사용하지만 선물상자를 포장할 때도 여러 가지 모양으로 활용할 수 있습니다. 이번에는 'V' 모양으로 만들어 볼까요?

Gift Wrapping

How · To · Wrap

1 재료와 도구 : 영양제, 포장지, 리본, 문구용 칼, 글루건, 양면테이프, 앤슈리엄, 카네이션

2 선물의 크기에 맞게 포장지를 자른다.

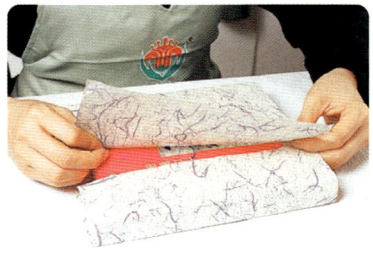

3 포장지로 상자를 감싸고 양면테이프로 붙인다.

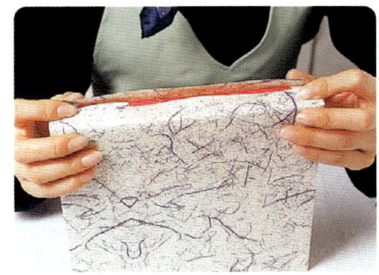

4 상자의 양측 포장지를 안으로 접고 양면테이프로 고정시킨다.

5 리본의 한쪽을 10cm 남기고 상자의 한 중앙에 고정시킨 후 나머지 한쪽 부분을 옆모서리의 중앙으로 돌려주면 사진처럼 V자 모양이 나온다.

6 리본을 시작부분과 끝 부분을 맞물리게 한 후 묶는다.

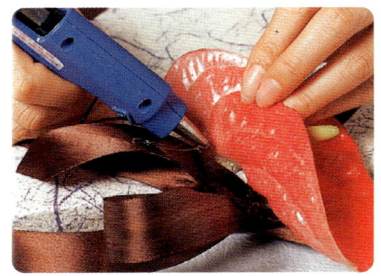

7 앤슈리엄을 나비보우 아래에 붙여서 꾸며준다.

8 마지막으로 카네이션을 선물상자 정면에 장식한다.

스카프 | 작은 선물일수록 더욱 멋지게 해봐요.

고상하면서도 심플한 포장은 부모님의 마음에 들 뿐만 아니라 당신도 좋아하게 될 것입니다.

How·To·Wrap

1 재료와 도구 : 스카프, 장식용 주머니, 리본, 가위, 글루건, 물 망초

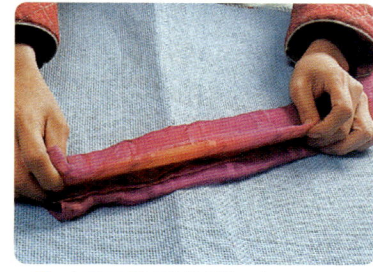

2 스카프를 길게 접는다.

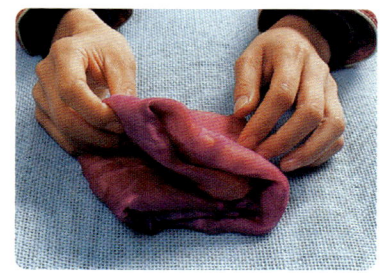

3 다시 정사각형으로 접는다.

4 스카프를 작은 주머니에 넣고 돌돌 만다.

5 V자 모양으로 스카프와 주머니 를 같이 묶어 준다.

6 장식용 주머니를 달고 리본으로 묶는다.

7 글루건으로 물망초를 붙여주면 완성.

꽃은 여성에게만 선물한다구요? 어버이날 열심히 살아오신 아버지께도 꽃다발을 안겨드리면 어떨까요? 어느새 주름진 얼굴에 환한 미소로 가득할 거예요.

Gift

Wrapping

흰 장미 꽃다발

노란색과 흰색의 조화

흰 장미는 '존경' 이라는 꽃말을 가지고 있습니다. 노란색과 흰색이 잘 조화되도록 꽃다발을 포장해봅시다.

How·To·Wrap

1 재료와 도구 : 마, 리본, 포장지, 깃털, 가위, 스테이플러, 흰 장미

2 나선형으로 흰 장미 19송이를 모아 부채꼴로 만든다.

3 한지포장지로 꽃다발을 여러 번 싸서 풍성함을 더한다.

4 포장지를 정리한다.

5 리본으로 꽃다발을 묶어 준다.

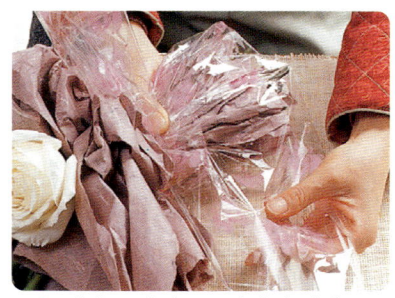

6 비닐 포장지로 꽃다발의 아랫부분을 묶어 꽃의 신선도를 유지한다.

7 마의 한쪽 둘레에 노란색 깃털을 붙이고 그 위에 꽃다발을 올린다.

8 남은 마로 꽃다발의 아랫부분에서 위로 접어 올린다.

9 꽃다발의 아랫부분에 나비 보우를 붙인다.

07 만년필

아버지께 드리는 값진 선물

항상 자식들을 위해 애쓰시는 아버지를 위해 만년필을 선물해봅시다. 밝은 노란색의 포장지를 사용하면 더욱 좋겠지요.

How · To · Wrap

1 재료와 도구 : 장식품, 리본, 가위, 문구용 칼, 글루건, 양면테이프, 무늬포장지

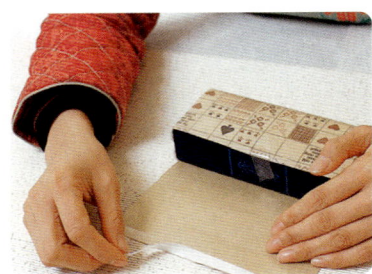

2 상자의 길이에 딱 맞는 포장지를 준비한다. 그리고 포장지의 끝 부분에 양면테이프를 붙인다.

3 흰색 리본을 십자로 묶은 후 매듭을 짓는다.

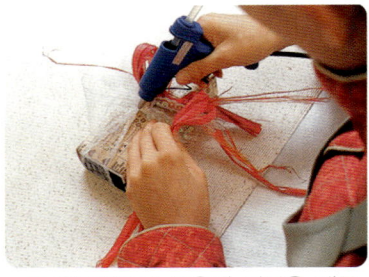

4 글루건으로 붉은색 리본을 매듭 주변에 고정시킨다.

5 계속해서 붉은 리본을 단단하게 붙인다.

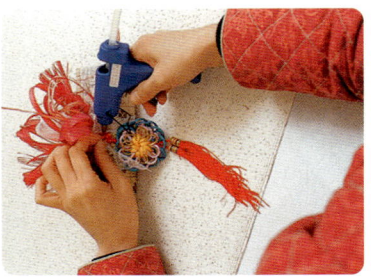

6 작은 장식품을 글루건으로 나비 매듭 중간에 고정한다.

08
옷

아버지께도 귀엽게 포장한 선물을 드려봅시다.

아버지께 드리는 선물 포장이라고 꼭 고상하기만 할 필요는 없습니다. 약간 장난스러운 스타일로 포장을 해볼까요? 이렇게 귀여운 포장을 보면 아무리 엄한 아버지라 할지라도 감동하실 거예요.

How · To · Wrap

1 재료와 도구 : 망사 포장지, 포장지, 인형, 리본, 옷

2 포장지를 자르고 그림과 같이 포장지의 끝을 상자의 끝에 맞춰 한쪽 측면이 보이도록 감싼 후 양면테이프로 고정한다.

3 망사 포장지로 선물상자의 절반을 포장하고 중간부분은 리본으로 고정한다.

4 선물상자의 양쪽 끝에 남은 포장지를 가운데로 모아 잡는다.

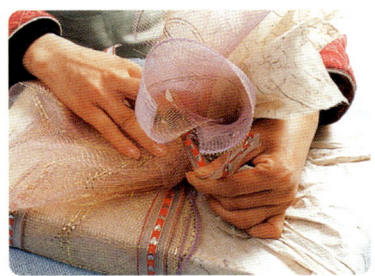

5 망사포장지와 포장지를 선물상자의 중간에서 교차시키고 단단히 묶어 고정한다.

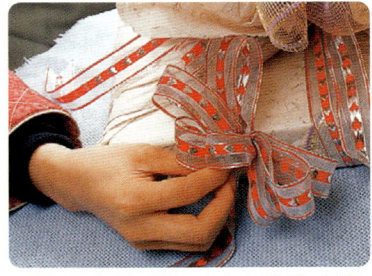

6 미리 준비한 나비 보우를 양쪽 포장지가 교차하는 점에 균일하게 붙인다.

7 교차되는 지점에 작은 인형을 고정시킨다.

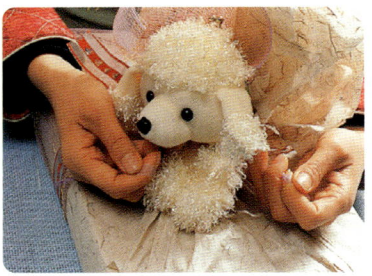

8 반대쪽에도 인형으로 고정시킨 후 리본과 망사를 정리한다.

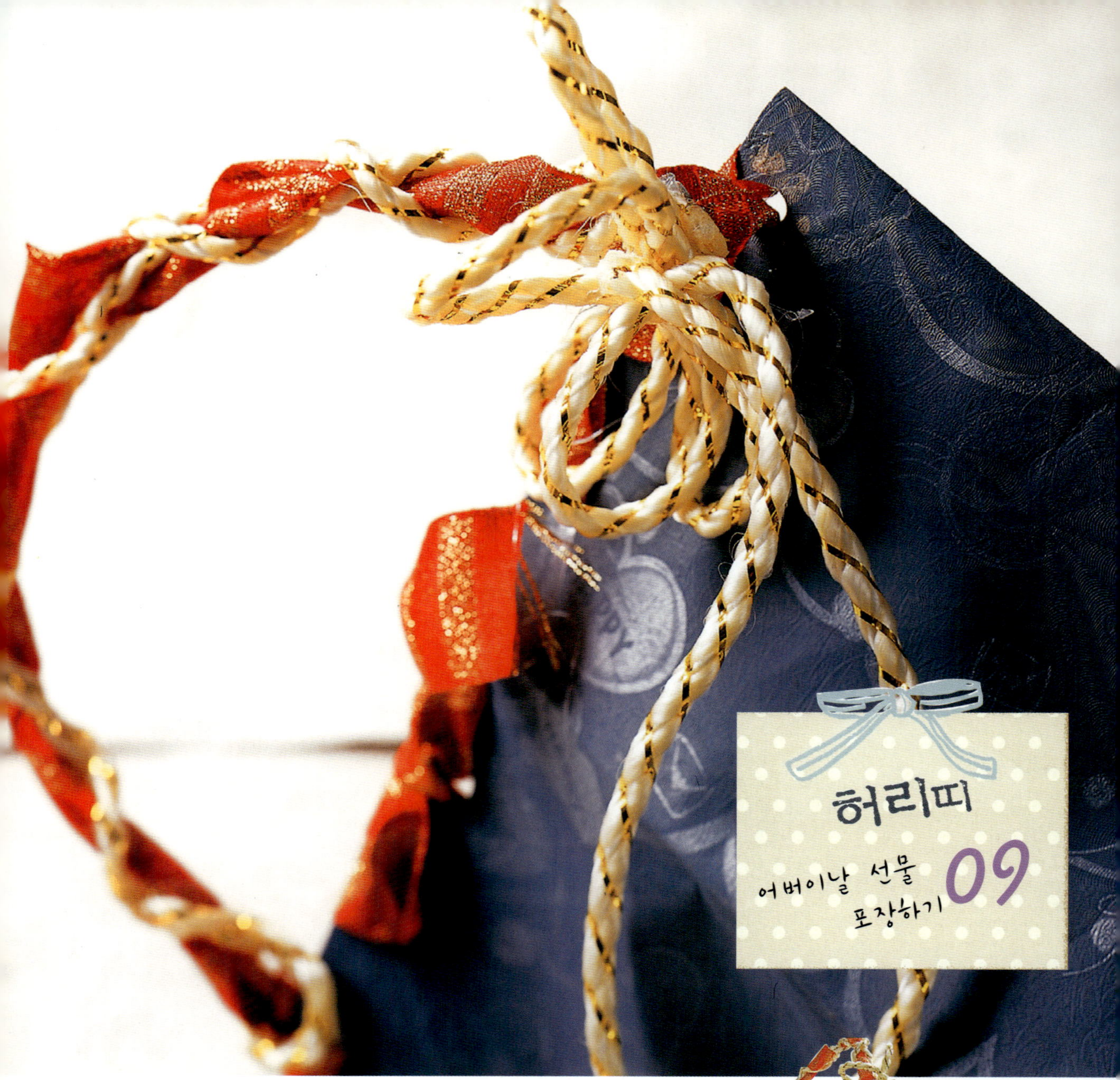

허리띠

참신한 주머니를 만들어봅시다.

세 변에 구멍을 뚫어 리본으로 연결하는 방법은 매우 참신합니다. 독특한 아이디어가 당신의 센스를 돋보이게 할 것입니다.

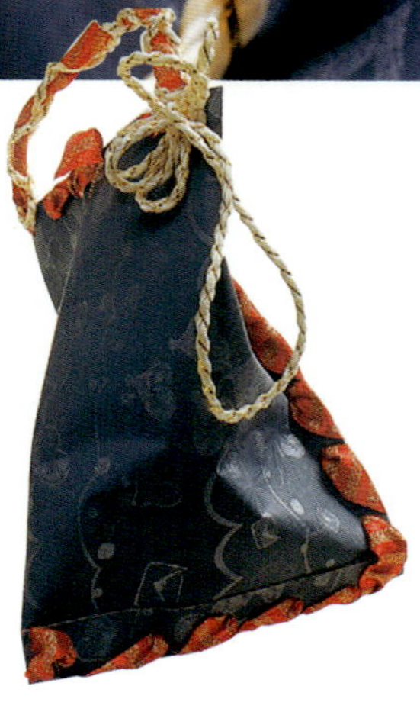

1 재료와 도구 : 마 재질의 끈,
리본, 허리띠, 포장지, 가위,
문구용 칼, 양면테이프, 포장용 끈

2 한 면으로 인쇄된 포장지를
반으로 접고 양면테이프로
붙여 양면포장지로 만든다.

3 허리띠의 크기에 따라 포장
지를 접고 양 끝을 맞붙인다.

4 3에서 만든 종이봉투의 아랫
부분을 위로 2cm 접고 붙인다.

5 펀치로 접은 부분에 일정하
게 구멍을 낸다.

6 붉은색 리본을 구멍에 끼운다.

7 종이가 겹쳐진 긴 변에도 구
멍을 내어 리본을 통과시킨다.

8 그림처럼 접은 양쪽을 중간
에서 연결시키고 허리띠의
크기에 맞게 종이가방의 길이를
정한다.

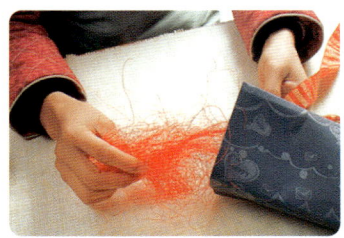

9 붉은 초핑을 종이가방 안에
넣는다.

10 허리띠를 종이가방 안에 넣
는다.

11 입구에 구멍을 내고 리본을
가볍게 접으면서 10cm정도
손잡이를 남긴다.

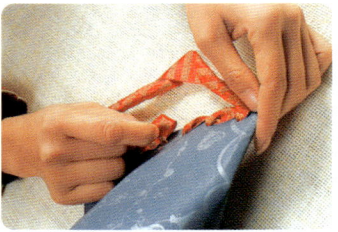

12 다시 리본을 구멍에 통과시
키면서 글루건으로 고정한
다. 포장용 끈으로 손잡이를 두
번 감으면 더욱 튼튼해진다. 매듭
을 지으면 완성.

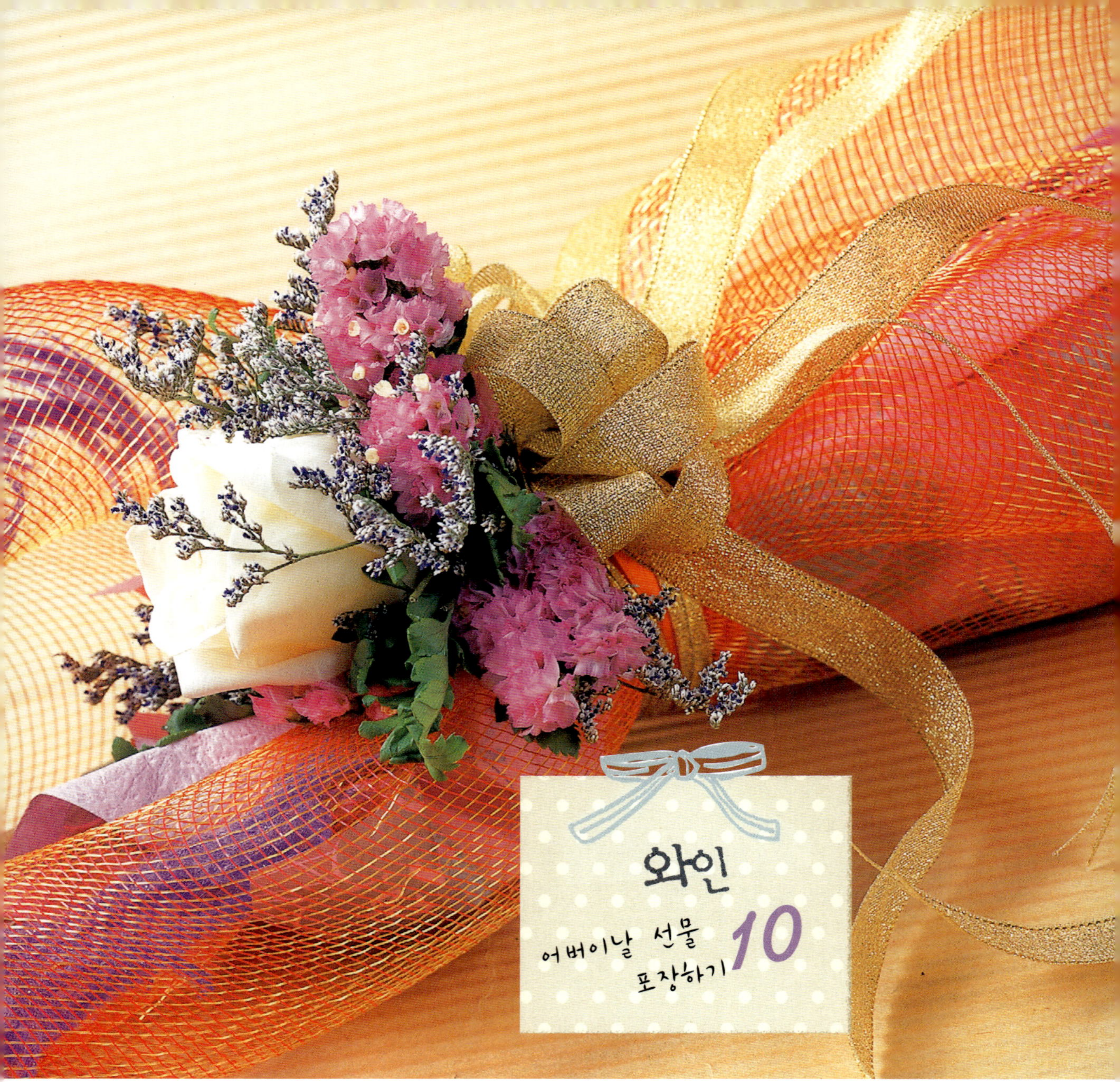

와인 | 선물의 형태에 맞추는 다양한 포장

와인 포장은 사실 매우 간단합니다. 핵심은 포장지와 망사포장지의 조화입니다. 마지막 매듭이 전체작품에 빛을 더할 것입니다.

와인

어버이날 선물
포장하기 **10**

1 재료와 도구 : 와인, 망사포
장지, 포장지, 리본, 구리선,
양면테이프, 루모라고사리, 스타
티스, 물망초, 백장미

2 와인을 포장지 중간에 세워
두고 포장지를 위로 세운다.

3 왼손으로 포장지와 와인을
잡고 오른손으로 포장지를
접어 올리면서 균일한 주름을 잡
는다.

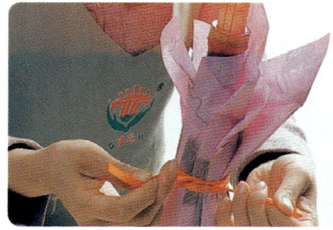

4 리본으로 포장지를 와인에
고정시킨다.

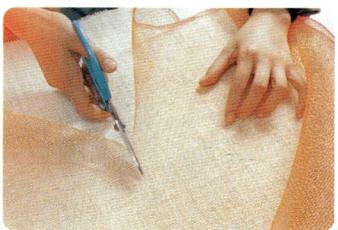

5 와인의 크기에 맞게 망사포
장지를 자른다.

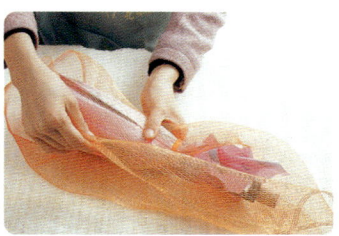

6 와인을 망사포장지 중간에
두고 자연스럽게 감싼다.

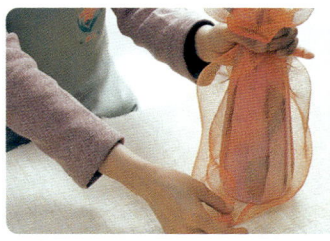

7 리본으로 망사포장지를 묶
는다.

8 흰 장미를 중심으로 스타티
스, 루모라고사리, 물망초를
묶어 코르사주를 만든다.

9 나비 보우에 코르사주를 씌
운다.

10 코르사주를 병 윗부분에 꽂
아서 장식한다.

11 면 재질의 리본을 찢어서 망
사포장지 사이에 고정시키면
몽환적인 느낌을 줄 수 있다. 스
테이플러로 망사포장지를 고정하
면 완성.

사탕

어린이날 선물 포장하기 01

아련한 추억으로 남은 어린시절, 어른이 되어 바쁜 일상을 살고 있지만 그 시절의 기억은 여전히 입가에 미소를 머금 게 합니다. 한 번뿐인 어린시절, 우리 아이들에게도 멋진 추 억을 만들어 주어요.

Gift
Wrapping

사탕

체크 무늬의 포장지는 활동적인 느낌을 줍니다.

여러 가지 사탕을 우유병 모양의 저금통에 넣어 선물해 보아요. 이런 재미난 아이디어는 어린이들에게 즐거움을 선사할 수 있습니다.

 How · To · Wrap

1 재료와 도구 : 포장지, 포장용 끈, 양면테이프, 사탕, 문구용 칼, 망사 포장지

2 포장지를 4등분 하여 정사각형 4개를 만든다.

3 자른 포장지를 삼각형 모양으로 접고 삼각형의 끝 부분을 가위로 자른다. 이때 만들어진 구멍은 사탕 병의 밑면이 지나갈 수 있을 정도면 충분하다.

4 사진처럼 구멍주변에 양면테이프를 붙인다.

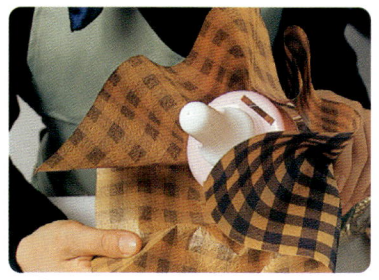

5 사탕 병이 구멍을 통해 나오게 하고 포장지는 자연스럽게 몸통에 붙인다.

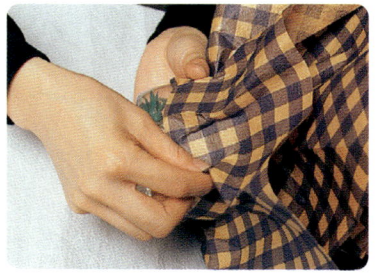

6 같은 방법으로 병에 나머지 포장지도 겹쳐 씌운다. 이때 주의할 점은 종이의 끝 부분이 어긋나야 한다는 것이다.

7 사탕 병의 아랫부분을 리본으로 묶는다.

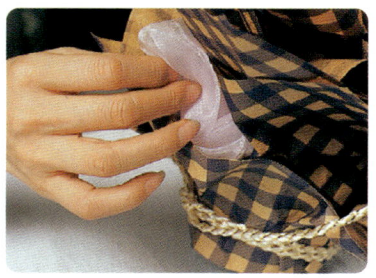

8 포장지의 빈 공간에 망사 포장지를 넣어 채우면 완성.

동화책

어린이날 선물
포장하기

02

동 화책

동화책을 아름답게 포장해봅시다.

어린이들의 선물을 포장할 때는 파스텔 색상이나, 원색계통의 포장지를 사용하면 더욱 매력적입니다. 포장지가 밋밋하다면, 원색의 장식품을 더해 포인트를 주어도 좋습니다.

Gift Wrapping

How · To · Wrap

1 재료와 도구 : 동화책, 깃털, 리본, 문구용 칼, 가위, 양면테이프, 장식품, 구리선, 글루건

2 책의 크기에 맞게 포장지를 자른다.

3 책을 포장지에 대각선으로 놓고 포장지의 한 쪽 끝으로 책을 덮은 후 잘 붙여 준다.

4 나머지 세 부분의 포장지도 안으로 접어 붙인다.

5 사진처럼 선물의 상단 1/4 지점을 리본으로 한번 감아준 후 십자모양으로 교차시키고 손으로 교차점을 꽉 잡으면서 다시 한 번 리본을 돌려준다.

6 리본을 십자로 교차되는 지점에 다시 돌아오게 하여 매듭을 짓는다.

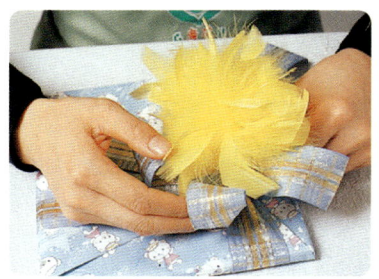

7 약 5cm 정도의 인조 깃털을 잘라 반으로 접은 후 구리선으로 매듭의 중간에 묶는다.

8 글루건으로 장식품을 깃털 중간에 붙이면 완성.

곰 인형

어린이날 선물
포장하기

03

곰
인형

독특한 모양은 참신해 보입니다.

같은 인형 선물이라도 그냥 평범한 상자에 담긴 것과 특별한 포장이 된 것은 엄연히 다르겠지요. 자신만의 독특한 아이디어를 발휘해 선물 포장을 한다면 매우 뜻깊은 선물이 될 것입니다.

How · To · Wrap

1 재료와 도구 : 곰 인형, 포장지, 양면테이프, 리본, 문구용 칼, 가위

2 곰 인형 크기의 3배 정도로 포장지를 자른다.

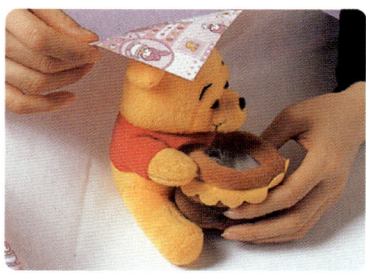

3 곰 인형을 포장지 중간에 두고 마주보는 두 모서리를 접어서 양면테이프로 고정한다.

4 측면은 정리해서 안쪽으로 각을 내어 접는다.

5 겹치는 부분이 깔끔해지도록 정리해서 양면테이프로 붙인다.

6 십자 교차방법으로 선물을 싼다.

7 매듭을 지으면 포장 완성.

한과

추석 선물
포장하기 01

고향에 있는 가족에게 추석에 가장 좋은 선물은 바로 객지에 있는 식구들의 귀향입니다. 아무리 비싼 선물도 온 가족이 함께 모인 기쁨을 대신할 수는 없습니다. 부모님의 편안한 웃음 속에서 우리는 집에 왔다는 안정감과 따뜻함을 느낄 수 있는 것입니다. 이때 주고받는 선물은 더욱 기쁘겠지요. 또 예의를 중요하게 생각하는 사회에서 추석 선물은 여러 사람과 서로 소통하는 좋은 계기가 됩니다.

Gift

Wrapping

한과

명절에 온가족이 모이듯이 색을 전체적으로
조화시켜 하나가 되는 느낌을 강조합니다.

한과상자와 포장지의 색이 조화를 이루도록 합니다. 마
지막 장식에 마와 리본을 활용해 부드러운 분위기를 연
출합니다. 느슨한 매듭은 화려한 분위기를 더해줍니다.

How · To · Wrap

1 재료와 도구 : 한과, 마 포장지,
리본, 글루건, 가위

2 한과상자를 마 포장지에 대각선
으로 둔다.

3 마의 한쪽 끝을 상자 위로 올리
고 앞, 뒤로 두 번 접어준다.

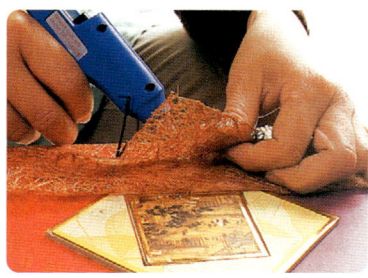

4 글루건으로 주름을 고정시킨다.

5 같은 방법으로 반대쪽 대각선도
고정시킨다.

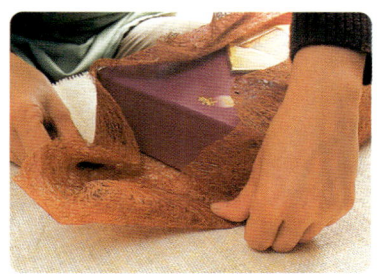

6 상자의 양쪽 끝을 접는다.

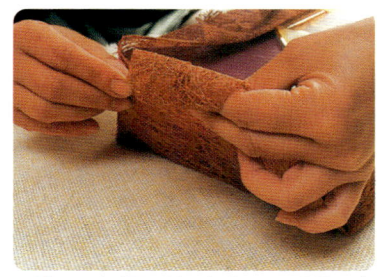

7 포장지를 위 아래로 주름을 잡
는다.

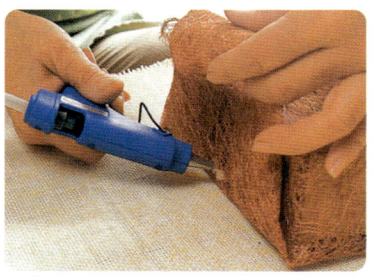

8 글루건으로 주름을 고정시킨다.
반대쪽 역시 같은 방법으로 고
정한다.

9 선물의 끝에서 5cm 정도 되는
곳을 리본으로 묶는다. 반대쪽도
같은 방법으로 처리한다.

02
액세서리

포장에도 행복한 느낌이 넘치게

두 가지 혹은 여러 가지 색상의 포장지를 붙여서 사용하면 단조로운 포장을 피할 수 있습니다. 평소에 조금씩 남은 포장지들을 모아 두었다가 조화를 이루는 색들로 퀼트처럼 붙여서 또다른 포장지를 만들어 봅니다. 이게 바로 자원 재활용이겠지요.

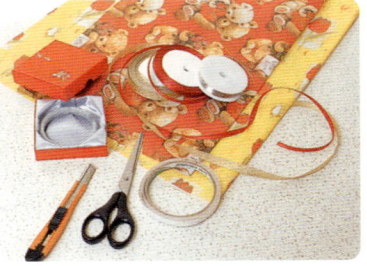

1 재료와 도구 : 팔찌, 포장지, 금색 리본, 가위, 문구용 칼, 알루미늄 선

2 사진처럼 두 가지 색깔의 포장지를 각을 맞추어서 붙인다.

3 상자를 대각선과 평행하도록 포장지 중간에 둔다.

4 포장지의 한 쪽 끝을 모서리를 따라 접는다.

5 반대편의 포장지로 선물을 덮어서 상자에 고정시킨다.

6 포장지의 양 끝부분을 안으로 접고 선물에 고정시킨다.

7 알루미늄 선을 이용하여 십자모양으로 교차시켜 선물을 묶는다.

8 금색과 붉은색의 리본을 함께 사용하여 선물 중앙에서 십자로 교차시켜 묶는다.

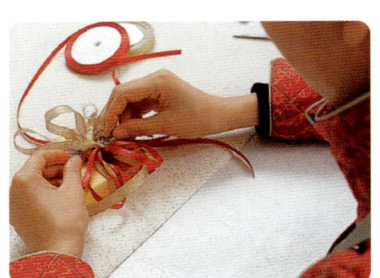

9 리본의 교차지점에 화려한 리본을 묶어서 완성한다.

03 상자쿠키

작은 장식을 더해 풍성한 질감을 살려줍니다.

다각형 상자를 포장할 때는 특히 모서리 처리에 주의합니다. 포장지를 아래에서 위쪽으로 접을 때는 규칙적인 간격으로 접어올립니다.

How · To · Wrap

1 재료와 도구 : 상자쿠키, 포장지, 글루건, 가위, 리본, 양면테이프, 장식품

2 선물의 크기에 맞게 포장지를 자른다.

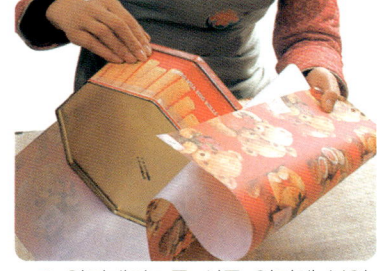

3 양면테이프를 선물 옆면에 붙인 후 포장지를 두른다.

4 위아래면의 포장지를 안으로 접는다. 이때 모서리에서 중심으로 접어나가며 반드시 한 방향으로 접어야 한다.

5 첫 번째 주름으로 맨 마지막 주름을 눌러주고 이것을 고정시킨다.

6 금색 리본으로 상자의 주변을 둘러준 후 매듭을 짓는다.

7 장식품을 중앙에 고정시킨다.

8 파인애플 모형을 장식품 위에 고정시킨다.

9 나머지 장식품을 파인애플 주변에 고정시키고 초핑으로 장식한다.

04
향수

| 골판지 포장지를 사용해 세련된 느낌을 줍니다.

추석에 꼭 한과나 갈비세트를 선물해야 한다는 법은 없습니다. 멀리 있는 친구나 연인에게 향수를 선물해보세요. 그리움과 사랑이 전해질 것입니다.

1 재료와 도구 : 조화, 향수, 골
판지 포장지, 리본, 양면테이
프, 가위, 글루건

2 향수의 높이에 맞추어 골판
지 포장지를 자른다.

3 향수의 윗부분과 아랫부분에
양면테이프를 붙인다.

4 포장지의 한쪽 끝을 향수의
긴 쪽과 겹치게 붙인다.

5 그림처럼 향수를 한 바퀴 감
싸준 후 남은 포장지는 말아
준다.

6 리본의 뒷면에 양면테이프를
붙인다.

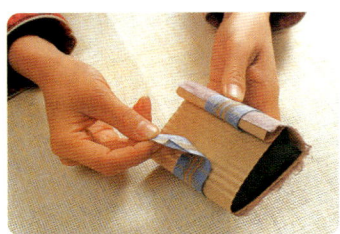

7 리본을 포장지 중간에 붙인다.

8 리본을 붙인 중간에 좀 더
작은 리본으로 나비보우를
만든다.

9 주황색의 조화를 선물의 윗
부분에 붙인다.

10 노란색 조화를 앞, 뒤로 하나
씩 고정시킨다.

크리스마스가 되면 친구와 동료 간에 서로 선물을 주고받는 것이 습관이 되어가고 있습니다. 이때만큼은 조금 화려하게 포장을 해도 괜찮을 것입니다. 반짝이는 크리스마스트리와 다양한 선물들이 크리스마스 이브의 분위기를 더욱 살려줄 것입니다.

샴페인 꽃바구니 01

크리스마스
선물 포장하기

Gift
Wrapping

샴페인 꽃바구니

황금색의 포장은 크리스마스 파티에 잘 어울립니다.

언뜻 보면 아무도 이것이 샴페인일 거라고는 예상하지 못할 것입니다. 망사포장지로 샴페인을 연결해서 바구니 모양을 만드는 것은 정말 독특한 방법입니다.

How·To·Wrap

1 재료와 도구 : 샴페인, 망사포장지, 포장지, 리본, 조화, 글루건, 가위, 문구용 칼

2 두 병의 샴페인 크기에 맞게 각각 포장지를 자른다.

3 우선 포장지로 샴페인을 싸고 아랫부분의 포장지는 잘 접어 정리한다.

4 병을 똑바로 세우고 병 목 부분에 주름을 잡아 모아 준다. 그리고 리본으로 매어주고 같은 방법으로 나머지 샴페인 하나도 싼다.

5 포장한 술병을 잘라놓은 망사 포장지에 올리고 망사 포장지를 샴페인에 고정시킨다.

6 붉은색 초핑을 망사포장지 사이에 끼워 넣고 포장지와 망사포장지를 자연스럽게 하나로 묶어 손잡이를 만든다.

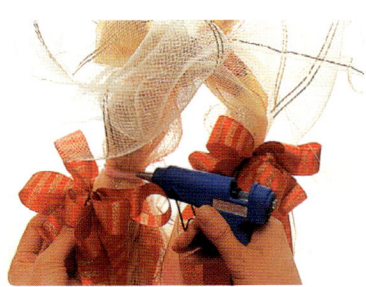

7 두 병의 목 부분에 나비 보우를 붙이고 자유롭게 조화를 붙인다.

초콜릿

02

크리스마스
선물 포장하기

초콜릿

망사 포장지는 달콤한 분위기를 만들어 줍니다.

많은 사람들이 초콜릿을 먹으면 살이 찐다고 말합니다. 하지만 예쁘게 포장된 초콜릿 선물을 받는다면 그 유혹을 뿌리치기는 어려울 것입니다.

How · To · Wrap

1 재료와 도구 : 초콜릿, 포장지, 종, 리본, 가위, 문구용 칼, 망사 포장지

2 우선 비닐 포장지로 초콜릿을 잘 싼다.

3 망사포장지를 이용해 초콜릿을 다시 한 번 싼다.

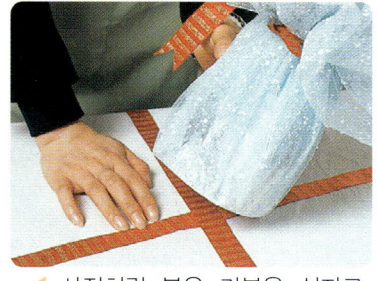

4 사진처럼 붉은 리본을 십자로 교차하고 선물을 십자 중간에 올려놓는다.

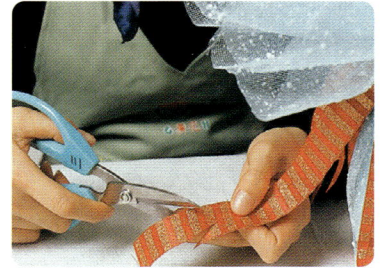

5 구리선을 이용해서 리본을 묶어 주고 아랫부분은 뾰족하게 자른다.

6 종을 리본에 고정시키고 정리한다.

산타클로스
03
크리스마스
선물 포장하기

산타
클로스

분홍색 망사 포장지는 귀엽고 사랑스럽습니다.

이 포장에서는 망사 포장지의 선택이 가장 중요합니다.
망사 포장지로 작은 바구니를 감싸 안에 있는 산타클로스
가 살짝 보이게 하는 것이 포인트입니다.

How·To·Wrap

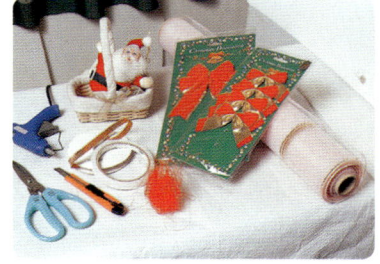

1 재료와 도구 : 작은 바구니, 산
타클로스, 크리스마스 리본 장
식, 망사 포장지, 리본, 붉은색 초핑,
가위, 양면테이프, 문구용 칼

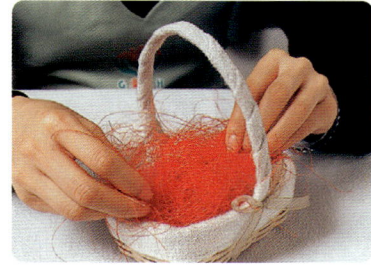

2 붉은색 초핑을 바구니에 담는다.

3 산타클로스를 바구니에 담고 주
변에 초핑을 더 넣어 산타클로
스를 지탱한다.

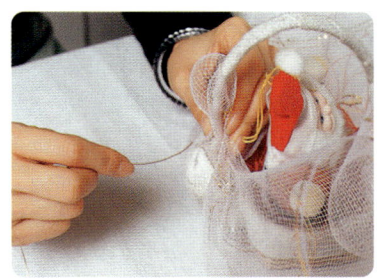

4 바구니 크기만큼 망사 포장지를
잘라내어 정리한 후 한쪽을 바
구니 손잡이에 고정시킨다. 측면의
포장지는 안으로 접어서 고정시킨다.

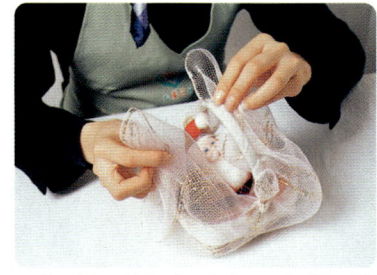

5 다른 양쪽의 망사 포장지를 위
로 당겨서 바구니의 손잡이를
덮는다.

6 망사 포장지가 교차하는 곳을
리본으로 단단하게 묶어주고 매
듭을 짓는다.

7 크리스마스 장식을 글루건을 이
용해 바구니 주변에 붙인다.

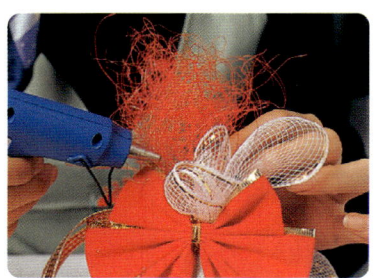

8 장식용 리본은 매듭 옆에 붙이
고 초핑으로 몽환적인 분위기를
표현한다.

초콜릿 상자

규칙적인 육각형의 상자 포장

다각형의 큰 상자는 우둔하거나 무거워 보일 수 있습니다. 이것을 해결하는 방법은 상자 장식에 신경을 쓰는 것입니다. 작은 장식품을 적절히 사용하면 더욱 계절감을 느낄 수 있습니다.

초콜릿 상자
04
크리스마스
선물 포장하기

How·To·Wrap

1 재료와 도구 : 선물, 포장지, 크리스마스 장식, 리본, 글루건, 가위, 구리선

2 상자의 크기에 맞게 포장지를 자른다.

3 사진과 같이 상자의 측면에 양면테이프를 둘러준다.

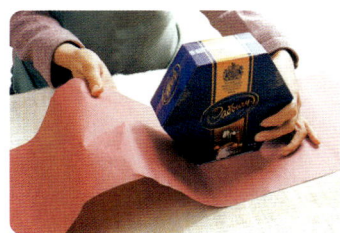

4 선물상자를 포장지 가운데에 둔다.

5 포장지를 말아서 상자의 양 측면을 둘러준다.

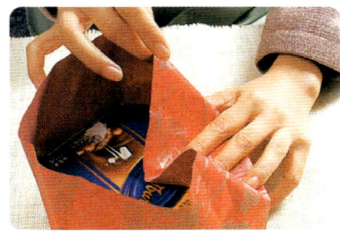

6 포장지를 각에 맞춰 안쪽으로 접는다.

7 상자의 중심으로 향하게 접고 모든 각은 한 방향으로 일정하게 접어준다.

8 상자의 정중앙에 양면테이프를 붙인다.

9 리본의 한쪽 끝을 10cm정도 남긴 후 위 아래로 한 바퀴 감아주고 양 끝을 상자 중앙에서 교차시킨다.

10 십자 모양으로 교차시켜 리본의 다른 쪽을 묶어준다.

11 각 리본의 끝 부분에 매듭을 만들고 글루건으로 장식품을 붙인다.

12 크리스마스트리는 상자윗면에 붙이고 글루를 조금 녹여 크리스마스 분위기를 더한다.

결혼은 사랑과 기쁨이 넘치는 축제입니다. 결혼식장의 모든 것은 우아하고 화려하며 선물 역시 그렇습니다. 포장할 때 장식이나 포장지는 반드시 풍부한 질감과 부드럽고 따뜻한 느낌이어야 하며, 금색이나 은색의 실이나 파스텔 톤의 실크를 사용하면 좋습니다.

목걸이

결혼 선물
포장하기

01

목걸이

긴 형태의 포장으로 영원한 행복을 표현합니다.

선물이 들어있는 상자나 주머니의 형태에 관계없이 새로운 형태의 포장을 하면 의외의 기쁨을 선사할 수 있습니다.

1 재료와 도구 : 장식품, 금색리본, 붉은색 포장지, 목걸이

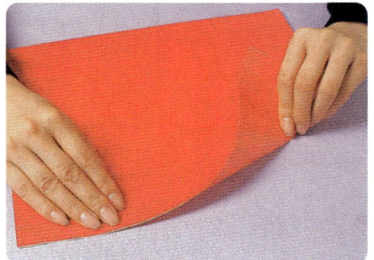

2 단면포장지를 반으로 접어 붙여서 양면 모두 인쇄된 형태로 만든다.

3 목걸이를 싼 주머니를 포장지 한쪽에 놓고 둥글게 만다.

4 포장지의 한쪽 끝을 양면테이프로 붙여서 고정시킨다.

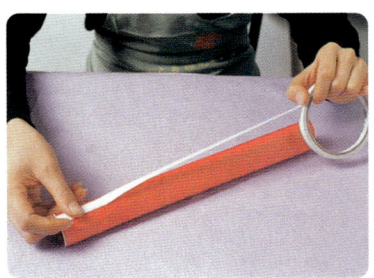

5 포장지의 긴 변을 따라 양면테이프를 붙인다.

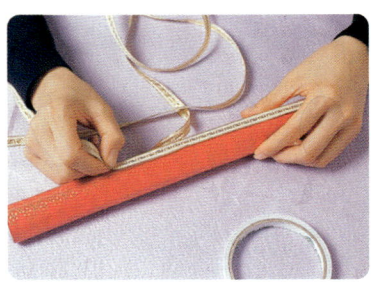

6 금색리본을 양면테이프 위에 붙인다.

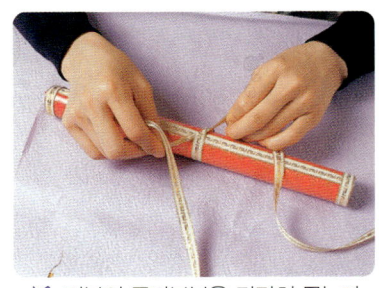

7 리본의 중간부분을 단단히 묶는다.

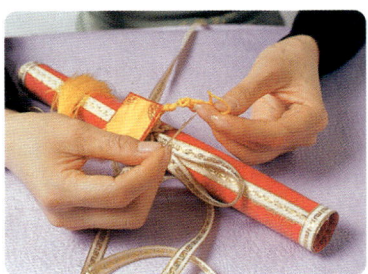

8 장식품을 중간에 함께 고정시킨다.

9 리본으로 매듭을 묶어준 후 끝부분을 뾰족하게 다듬는다.

시계 상자

리본을 교차시킨 멋진 포장

짙은 붉은색의 포장지는 노란색 리본과 잘 어울립니다. 고전적인 느낌이 풍겨서 전통적인 분위기를 좋아하는 신혼부부에게 선물하면 좋습니다.

How · To · Wrap

1 재료와 도구 : 시계, 펀치, 포장용 끈, 리본, 자, 양면테이프, 문구용 칼, 포장지

2 선물의 크기에 맞게 포장지를 자른다.

3 선물을 대각선에 맞춰 포장지 가운데에 둔 후 포장지의 양 끝을 중앙으로 접는다.

4 연필로 선물상자의 크기를 표시한다.

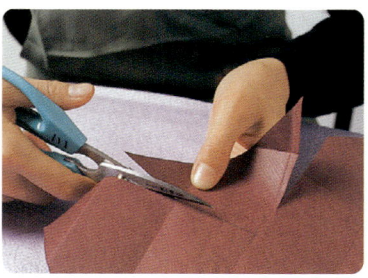

5 연필로 표시한 선에 맞춰 포장지를 상자모양으로 자른다.

6 선물상자를 넣고 양쪽 끝을 접어서 양면테이프로 고정시킨다.

7 사진처럼 포장지의 입구를 붙인다.

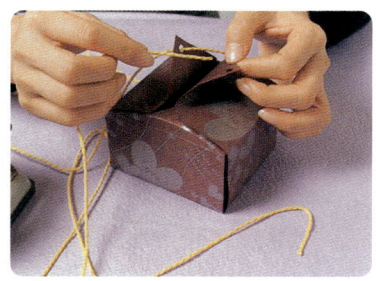

8 남은 부분에 구멍을 뚫어 끈을 통과시킨다.

9 그림처럼 끈을 상자 둘레에 감은 후 고정시키고 리본을 묶는다.

분유

아기 선물
포장하기

01

Gift
Wrapping

작은 생명의 탄생은 무한한 기쁨을 가져다줍니다. 한 생명의 탄생
을 축하하기 위해 사람들은 귀여운 아기 옷이나 실용적인 젖병 또
는 분유 등 진심 어린 선물을 가지고 옵니다. 아기 선물 포장은 따
뜻하고 부드러운 파스텔 색상을 사용하는 것이 좋습니다.

분유

리본으로 장식효과를 줍니다.

리본을 사용한 묶기 방법은 일자형, 십자형 등 다양합니다. 대칭과 비대칭을 상황에 맞게 적절히 사용하면 좋습니다.

1 재료와 도구 : 포장지, 가위, 핑킹가위, 리본, 글루건, 별 장식, 분유

2 분유통의 높이와 직경, 둘레를 계산한다.

3 폭=포장지의 높이+폭, 길이=분유통의 둘레+5로 포장지를 자르고 포장지의 양 끝에 양면테이프를 붙인다.

4 포장지로 분유통을 감싼다.

5 윗면, 아랫면의 포장지는 중심을 향해 접는다. 이때, 첫 번째 주름으로 마지막 주름을 눌러주면서 양면테이프로 고정한다.

6 금색리본의 한 쪽 끝을 20cm 남기고 십자 묶기로 교차하여 묶는다.

7 선물 양끝 3cm부분에 양면테이프를 붙인다.

8 파란색 리본으로 선물상자를 한번 둘러준 후 고정시키고 다시 금색리본으로 원 가운데를 둘러서 감는다. 두 리본을 원의 중심에서 교차시킨다.

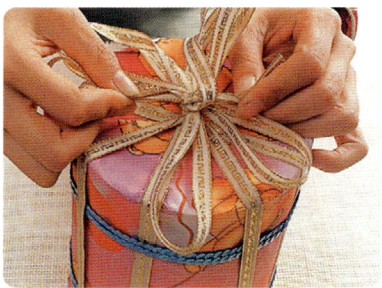

9 원 중심교차점의 리본을 묶은 후 글루건으로 장식을 고정한다.

02 젖병

 해바라기같이 예쁘게 자라길 바라며……

아기 선물로는 실용적이면서 평범한 물건이 좋습니다. 거기에 특별한 포장으로 선물을 꾸민다면 더욱 좋을 것입니다.

How · To · Wrap

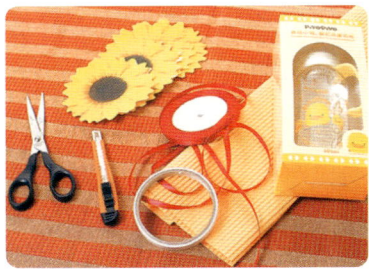

1 재료와 도구 : 우유병, 골판지 포장지, 붉은 리본, 해바라기 그림, 가위, 문구용 칼, 양면테이프

2 골판지 포장지를 선물의 길이에 맞춰 잘라 사진처럼 선물을 감싼다.

3 붉은 리본을 선물 가운데에 일자로 묶고 리본을 맨다.

4 해바라기 그림을 선물 정면에 고정시킨다.

5 해바라기 그림의 중간에 양면테이프를 붙인다.

6 붉은 리본으로 수술을 만든다.

7 같은 방법으로 두 번째 해바라기의 수술을 만든다.

8 붉은 리본으로 선물의 양 끝을 장식하면 포장이 완성된다.

03 아기옷

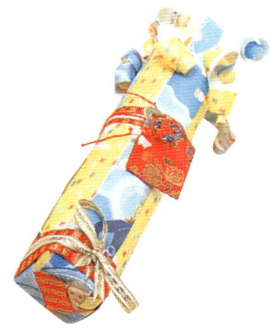

만화경의 모양으로 포장하여 동심을 자극합니다.

아기의 옷은 매우 부드러워서 포장의 형태를 얼마든지 자유롭게 할 수 있습니다. 아래의 포장방법은 아이의 옷을 둥글게 만 것입니다.

How · To · Wrap

1 재료와 도구 : 옷, 포장지, 가위, 빨간 리본, 문구용 칼, 향주머니, 양면테이프

2 노란 포장지로 옷을 만다.

3 파란색 포장지를 폭 2㎝의 띠로 자른다.

4 파란색 포장지를 노란색 포장지의 겉에 모두 붙이고 아랫부분을 잘 감싼다.

5 위쪽에 남은 포장지를 가위로 자른다.

6 가위로 잘라낸 포장지의 윗부분을 둥글게 말아준다.

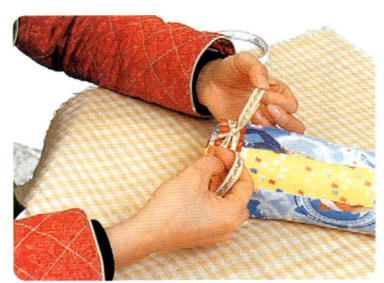

7 리본으로 선물 중간부분을 묶어서 장식한다.

8 붉은색과 금색 리본으로 선물의 아랫부분을 감는다.

9 둥글게 만 포장지의 끝부분을 잘 정리하고 향주머니를 중간에 달아 장식한다.

04 딸랑이

특별한 종이가방 만드는 방법

평범한 작은 선물이라도 정성을 담아 포장하면 진심 어린 축복과 기쁨이 전해질 것입니다.

How · To · Wrap

1 재료와 도구 : 가위, 문구용 칼, 리본, 포장지, 딸랑이

2 딸랑이의 크기에 맞게 포장지를 자르고 인쇄된 부분을 붙여 양면으로 만든다.

3 양면 포장지를 겹치게 접은 후 양면테이프로 양 끝을 고정하여 통 모양으로 만들고 딸랑이의 길이에 맞게 포장지를 자른다.

4 포장지의 한쪽을 2cm 접고 남은 부분을 정리한다.

5 금색 리본으로 포장지의 아랫부분을 장식한다.

6 딸랑이를 봉투에 넣는다.

7 봉투의 입구를 앞뒤로 두 번 접은 후 펀치로 좌우에 구멍을 두개 뚫는다.

8 금색, 보라색 리본으로 구멍을 통과시키고 리본의 한 쪽을 위에서 아래로 감아 돌린 후 포장지의 아랫부분에서 묶어 고정시킨다.

05
신발

부드러운 색감을 조화시키는 포장

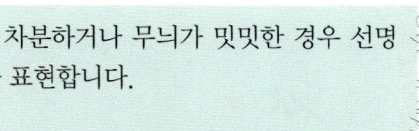

포장지의 색상이 차분하거나 무늬가 밋밋한 경우 선명한 리본으로 기쁨을 표현합니다.

How · To · Wrap

1 재료와 도구 : 신발, 양면테이프, 포장지, 가위, 문구용 칼, 리본

2 신발의 크기에 맞게 포장지를 자른다.

3 포장지로 신발 상자를 감싼다.

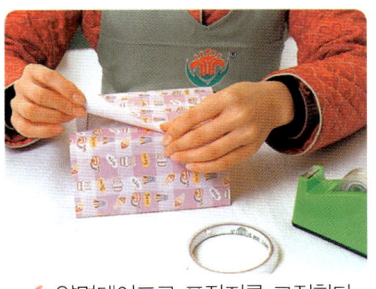

4 양면테이프로 포장지를 고정한다.

5 4cm폭의 다른 포장지를 준비한다.

6 이것을 선물상자 가운데에 붙인다.

7 붙인 포장지의 끝부분에 붉은색 리본을 둘러준다.

8 같은 방법으로 다른 쪽 끝을 보라색 리본으로 묶고 리본의 중간에 큰 매듭을 지어주면 완성.

입학식 · 졸업식
선물 포장하기

Gift

Wrapping

학교에 들어가면서부터 아이의 새로운 여정이 시작됩니다. 졸업을
하는 아이들은 인생의 다음 시험을 당당하게 받아들입니다. 아이들
이 이렇게 조금씩 성장하는 것을 바라보면서 선물에 사랑과 격려
를 담아 축복합니다.

단어장

부드럽고 강한 포장효과

사각형의 상자로도 부드러운 효과를 낼 수 있습니다.
보라색과 흰색을 아름답게 조화시킵니다.

How · To · Wrap

1 재료와 도구 : 리본, 종이 끈, 양
면테이프, 가위, 글루건, 문구용
칼, 포장지

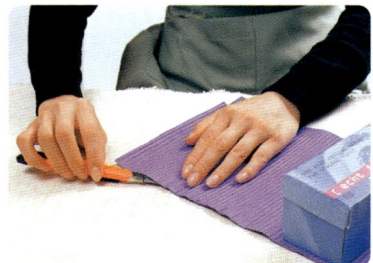

2 선물상자의 크기에 맞게 포장지
를 자른다.

3 사진처럼 포장지로 선물상자를
한 번 감아준 후 포장지의 끝부
분을 상자 끝에 오도록 맞춘다.

4 양면테이프로 포장지를 고정시
킨다.

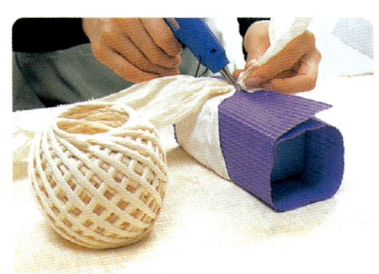

5 종이끈을 펼치고 선물상자의 한
쪽 끝을 단단히 감싼다.

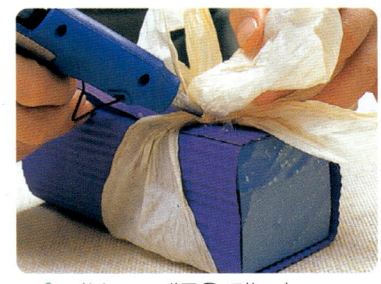

6 리본으로 매듭을 짓는다.

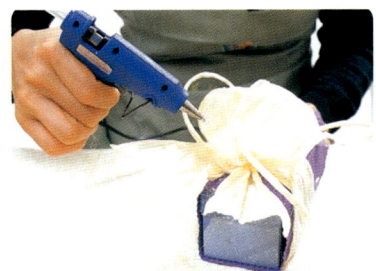

7 마지막으로 풀지 않은 종이끈을
매듭 주변에 자연스럽게 한 번
감아 준 후 글루건으로 고정한다.

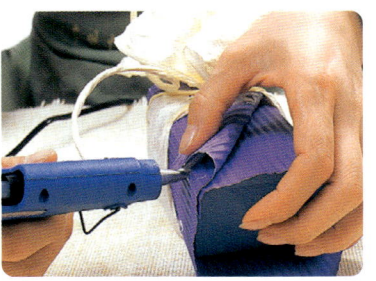

8 선물상자 한쪽 끝의 포장지를
뒤집으면서 둥글게 말고 글루건
으로 고정시킨다.

02 시계

안정감을 주는 포장지로 무게감을 더합니다.

졸업생에게 주는 선물이라면 너무 화려한 것보다는 고전적인 느낌이 나는 포장지가 좋습니다.

How · To · Wrap

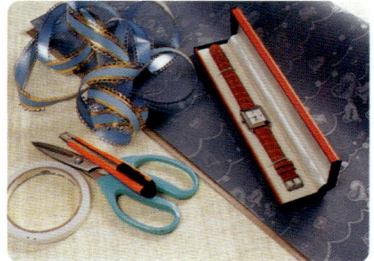

1 재료와 도구 : 시계, 포장지, 리본, 가위, 양면테이프

2 시계의 크기에 맞게 포장지를 자른다.

3 포장지의 끝을 3번 접어 주름을 만들고 포장지의 뒷부분에 투명 테이프로 주름을 고정한다.

4 포장지로 선물을 감싼다.

5 포장지의 측면을 안으로 접는다.

6 만들어 놓은 주름 1cm 옆에 리본을 감아 장식한다.

7 선물의 다른 쪽 끝에 나비 보우를 붙여 장식하고, 끝부분을 뾰족하게 자르면 완성.

03
다이어리

심플한 느낌의 포장을 연습해봅시다.

순백색의 포장은 고귀한 느낌을 줍니다. 또 어떤 색의 리본이나 장식품과도 잘 어울립니다.

How · To · Wrap

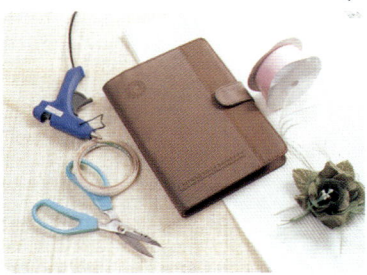

1 재료와 도구 : 수첩, 포장지, 리본, 글루건, 가위, 양면테이프, 코르사주

2 수첩의 길이에 맞게 포장지를 자른다.

3 사진처럼 포장지의 양 끝부분을 비스듬히 접는다.

4 사선으로 접은 포장지를 양면테이프로 고정시킨다.

5 선물포장지의 주름부분에 리본을 묶는다.

6 리본의 끝을 V자 형태로 자른다.

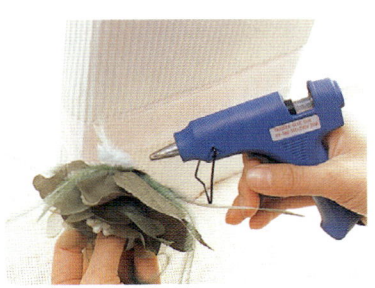

7 코르사주를 선물 뒤쪽에 붙인다.

항상 힘이 되는 가족, 자라는 동안 우리에게 많은 가르침을 준 스승님, 함께 일하는 동료, 이들은 우리가 모두 감사해 하는 사람들입니다. 평상시에는 바빠서 연락조차 뜸했더라도 생일만큼은 꼭 기억하여 선물을 전합시다. 선물의 가격을 떠나 진심을 표현할 수만 있다면 그것으로 충분할 것입니다.

부채

01

생일 선물
포장하기

부채

간단한 포장으로 진심을 전합니다.

부담스러운 선물은 피하고 싶다면 간단하면서도 실용적인 부채를 선물해보는 것은 어떨까요? 꽃다발처럼 예쁘게 포장하면 고급스러워 보입니다.

How · To · Wrap

1. 재료와 도구 : 부채, 포장지, 리본, 전통매듭 장식, 양면테이프, 가위, 마 포장지, 문구용 칼

2. 부채의 크기에 맞게 포장지를 적절히 자른다.

3. 전통매듭 장식을 부채 손잡이에 묶는다.

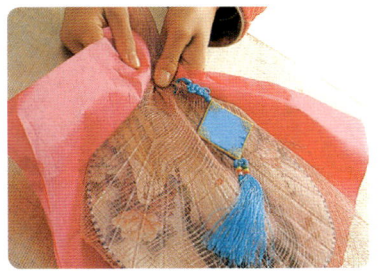

4. 우선 마 포장지로 부채를 둘러 싼 후 포장지 위에 부채를 놓는다.

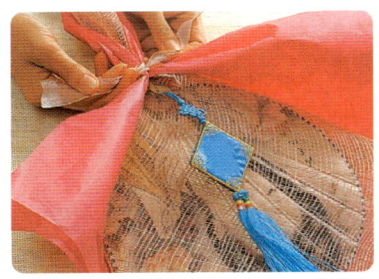

5. 포장지와 부채를 하나로 단단히 묶는다.

6. 나비 보우를 붙인 후 끝 부분을 V자 형태로 자른다.

명작
DVD

톡톡 튀는 아이디어로 인상적인 포장을 해봅시다.

이 포장방식의 포인트는 펀치의 변화무쌍한 사용법입니다. 양 끝의 구멍을 끈으로 연결해주면 셔츠와 같은 느낌이 든답니다.

1 재료와 도구 : DVD, 포장용 노끈, 양면테이프, 고체풀, 가위, 구리선, 핑킹가위

2 DVD의 크기에 맞게 포장지를 자른다.

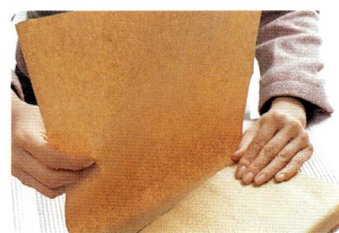

3 포장지의 중간에 DVD를 놓고 감싼다.

4 측면의 포장지는 윗부분만 안으로 접는다.

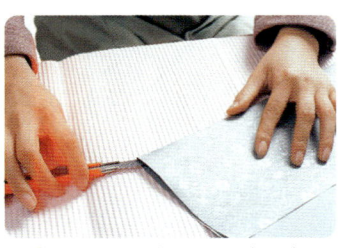

5 DVD 긴 변의 3/4 정도의 폭으로 은색 포장지를 자른다.

6 은색 포장지의 긴 부분을 DVD 케이스 둘레보다 2㎝ 짧게 자른다.

7 핑킹가위로 양 끝 부분을 잘라준다.

8 포장지를 반으로 접은 후 펀치로 균일하게 구멍을 뚫어준다.

9 은색 포장지로 DVD를 한 번 감아준다.

10 노란색 포장용 끈으로 구멍을 교차하면서 묶는다.

11 은색포장지의 끝 부분에 양면테이프를 붙인다. 금색, 은색 포장용 끈을 양면테이프 위에 고정시킨다.

귀여운 사탕

커다란 사탕 모양으로 포장하기

포장은 선물이 무엇인지 모르게끔 하는 경우가 많습니다. 하지만 반대로 선물의 모양을 과장되게 포장해 선물이 무엇인지 보고 짐작할 수 있게 하는 것도 재미있을 것입니다.

How · To · Wrap

1 재료와 도구 : 사탕, 노란색 분홍색 부직포, 코르사주, 가위, 리본

2 사탕의 크기에 맞게 포장지를 자른다.

3 분홍색과 노란색 부직포로 사탕 상자를 한번 감싼다.

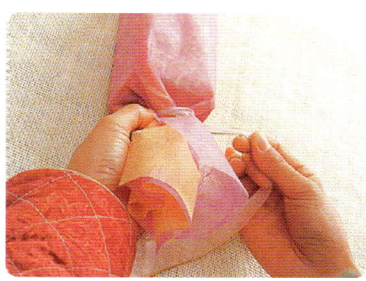

4 사탕상자의 양 끝을 리본으로 단단히 묶는다.

5 마지막으로 상자의 끝 부분에 코르사주를 달아준다.

개업하는 곳은 어디나 화려하게 장식하고 음악을 연주하며 경사스러운 분위기를 고조시킵니다. 또 초대된 사람들은 꽃바구니와 각종 선물로 축하의 마음을 전합니다. 개업선물은 축하를 주제로 화려하게 포장하는 것이 좋습니다. 포장지의 색깔도 빨강, 노랑 등 선명한 색을 주로 사용합니다.

Gift

Wrapping

축하 꽃바구니

개업 선물
포장하기

01

축하
꽃바구니

다양한 꽃이 만발한 느낌

붉은 꽃과 푸른 잎의 조화는 꽃바구니의 전형입니다. 꽃바구니는 비록 작지만, 더욱 우아하고 화려하게 장식해 봅시다.

How · To · Wrap

1 재료와 도구 : 꽃바구니, 리본, 아레카, 사토벚나무, 붉은 장미, 뉴질랜드삼, 스타티스

2 꽃바구니 주변에 아레카잎을 꽂는다.

3 스타티스를 꽂아서 꽃바구니에 형태를 만든다.

4 핵심인 붉은 장미를 꽂는다.

5 붉은 장미를 균일하게 꽂은 후 사토벚나무로 장식한다.

6 뉴질랜드삼으로 꽃바구니를 장식하고 손잡이 부분은 나비 보우를 붙여 장식한다.

다기

개업 선물
포장하기
02

다기

차를 즐기는 사람에게는 우아한 포장이 어울립니다.

포장지가 부족할 때는 어울리는 색의 다른 포장지를 사용해도 됩니다. 이때 연결부분에 흔적이 남지 않도록 주의합시다.

How · To · Wrap

1 재료와 도구 : 다기, 포장지, 리본, 양면테이프, 문구용 칼, 가위, 구리선

2 다기의 크기에 맞게 분홍색 포장지를 자른다.

3 분홍색 포장지로 다기를 잘 감싼다.

4 다기 양끝부분에 남은 포장지를 중심으로 모은다.

5 리본으로 포장지를 가운데에서 묶어 준다.

6 분홍색 포장지를 4등분하여 상자 중심에 묶어준 후 꽃 모양으로 정리한다.

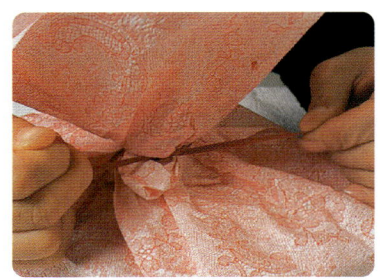

7 구리선으로 잘 고정시킨다.

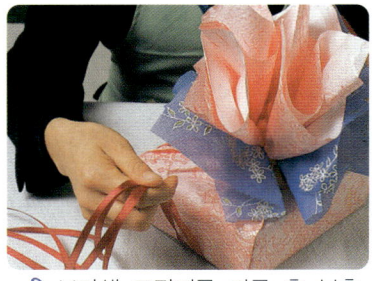

8 보라색 포장지를 자른 후 분홍색 포장지 꽃 아래 부분을 감싸듯이 묶는다.

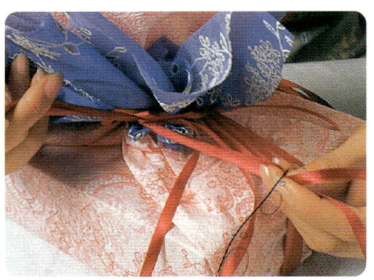

9 리본으로 보라색 포장지를 잘 묶은 후 꽃모양으로 정리한다.

승승장구

개업 선물
포장하기

03

선명한 꽃잎이 아름다운 미래를 상징합니다.

커다란 해바라기와 아름다운 장미로 장식합니다. 전체적으로 활기가 넘치고 선명한 꽃의 색깔은 앞으로의 밝은 미래를 나타냅니다.

How·To·Wrap

1 재료 : 파초, 해바라기, 분홍색 장미, 망사 포장지

2 장미를 평행법으로 둘러서 반구형을 만든다.

3 리본으로 꽃줄기 부분을 묶어준다.

4 장미 아랫부분 15cm지점을 해바라기로 한 바퀴 감싼다.

5 파초를 꽃다발 주변에 놓고 리본으로 꽃다발의 아랫부분을 단단히 묶는다.

6 비닐 포장지로 꽃다발 아랫부분을 감싼다.

7 잘라낸 망사 포장지로 꽃다발의 아랫부분을 감싼다.

8 해바라기의 아랫부분까지 잘 감싼다.

9 마지막으로 망사 포장지로 꽃줄기 부분을 둘러싼 후 리본으로 잘 묶는다.

04
만수무강

극락조화는 장수와 건강의 상징입니다.

극락조화는 아프리카 남부 희망봉에서 자라는 야생화입니다. 아프리카 사람들은 극락조화를 자유와 행복의 상징으로 여깁니다.

How · To · Wrap

1 재료 : 극락조화, 프리지어, 갈대, 엽란, 부직포, 포장지, 리본

2 극락조화를 차례대로 잡고 그 사이에 갈대를 넣어서 풍성한 질감을 살린다.

3 프리지어로 극락조화 주변을 감싼다.

4 갈대로 극락조화 뒷부분을 다시 장식하고, 엽란은 둥글게 말아 스테이플러로 고정한다.

5 엽란을 꽃다발의 주위에 감싸고 꽃다발 끝 부분을 정리한 후 비닐 포장지로 묶어 준다.

6 사진과 같이 부직포의 네 모서리가 겹치지 않도록 접어준다.

7 부직포에 주름을 만들어 꽃다발의 아랫부분을 장식한다.

8 포장지로 부직포의 아랫부분을 감싸고 꽃다발 아랫부분을 장식한다.

9 포장지로 꽃다발의 아랫부분을 둘러싼 후 리본으로 단단히 묶는다.

10 꽃다발의 아랫부분에 리본으로 매듭을 짓는다.

사랑을 담아 전하는 **예쁜 선물 포장하기**

Gift Wrapping

Gift Wrapping • • • • • • • •